LES CROYANCES

DE DEMAIN

LES
CROYANCES
DE DEMAIN

PAR

LUCIEN ARRÉAT

PARIS

ANCIENNE LIBRAIRIE GERMER BAILLIÈRE ET Cie

FÉLIX ALCAN, ÉDITEUR

108, BOULEVARD SAINT-GERMAIN, 108

1898

AVANT-PROPOS

Le titre de cet ouvrage semblera d'abord ambi-
tieux, mais la prétention en est modeste. Je ne
me flatte pas de définir les croyances de demain ;
je m'efforce seulement à les pressentir. Telle est
même l'importance des questions débattues ici, que
je m'excuse de les avoir abordées avec de faibles
moyens pour les résoudre.

Les philosophes de profession jugeront peut-être
que le plan du livre est un peu simple, que certaines discussions y sont évitées ou trop résumées
à larges traits : ils savent du moins que je ne les
ignore pas. Ces pages veulent rester faciles. Les
résultats généraux que j'y indique viennent de
longues réflexions ; ils s'appuient sur des analyses
patientes, dont j'épargne le détail à mes lecteurs.

A quelle doctrine les critiques rattacheront ce
petit travail, il n'importe guère. Un système de
philosophie est comme un miroir de poche dans
lequel nous regardons la nature : il semble qu'on

l'ait dans la main, parce qu'on la voit rapetissée et réduite au point de vue ; mais ce n'est là qu'une illusion d'optique. Je n'ai pas eu peur d'être naïf plutôt que savant. J'ai accepté les faits comme ils s'offraient à moi, sans leur attacher les couleurs d'aucun drapeau.

Quelques-uns m'accuseront de timidité, et quelques autres de hardiesse. J'ai tâché, il est vrai, de me rappeler à chaque ligne que la plus grande réserve s'impose à l'écrivain même qui n'ambitionne pas de trouver un grand public, en des matières où toute imprudence de langage peut conduire à une erreur dangereuse.

Le *Parlement des Religions* tenu à Chicago en 1893, si diversement qu'on le juge, a témoigné de préoccupations qui ne restent pas particulières au Nouveau Monde. Il m'a paru utile de reproduire ici, en manière d'introduction, un article publié sur ce sujet dans la *Revue philosophique* d'octobre 1895. Si la date en est déjà ancienne, les considérations qu'il enferme ont gardé leur actualité : elles justifieront sans doute l'idée et l'économie du présent ouvrage.

L. A.

Octobre 1897.

LES CROYANCES DE DEMAIN

INTRODUCTION

LE PARLEMENT DES RELIGIONS

Le « Parlement des religions » a été l'événement de l'exposition de Chicago, et, pourrais-je dire avec M. Paul Carus, une grande surprise pour le monde. Ceux qui ont lu les feuilles américaines se rappellent les jugements ironiques ou irrités dont plusieurs le saluèrent. Les uns le comparaient à la chute du Niagara, qui ne donne que du bruit ; les autres s'indignaient à la seule pensée de confronter la religion chrétienne avec ses rivales. Les Jésuites ont même boudé le Congrès et tenu des réunions dans une salle distincte. Une foule énorme y est venue cependant, et cette vaste assemblée, véritable concile œcuménique, n'a pas eu l'unique mérite d'offrir aux visiteurs un spectacle pittoresque ; elle nous a livré des documents précieux ; elle a indiqué une orientation, marqué une phase dans l'histoire de la pensée humaine. L'un des philosophes qui en furent membres, M. Allen Pringle, le déclare hautement : « Les milliers d'hommes intelligents, écrit-il [1],

(1) *The Open Court*, 2 et 9 oct. 1893. — Voyez aussi, dans *The Monist*, avril 1894, deux excellents articles, l'un du général M. M. Trumbull, l'autre du Dr Paul Carus, paru d'abord dans le *Forum*.

qui ont assisté à ces réunions imposantes ou en ont lu les procès-verbaux, ont tous été pénétrés de cette conviction, que l'influence en serait considérable sur l'avenir de l'humanité. »

Le regretté général Trumbull, d'un esprit si judicieux et si mordant, a comparé, il est vrai, ce parlement à une « caravane de voyageurs dans le désert des croyances mortes, cherchant au ciel la colonne de feu ou le nuage de fumée qui lui marquerait sa route. » Le fait surprenant que les sectateurs d'une centaine de théologies les ont jetées au creuset pour séparer des scories le pur métal, ne lui en semble pas moins le signe d'un progrès social et la promesse d'une plus large tolérance.

Songez donc qu'on a vu, réunis là en une même enceinte, Chrétiens de toutes dénominations, Juifs, Musulmans, Brâhmanistes, Bouddhistes de Ceylan et du Japon, Parsis, Confucistes, théosophistes, rationalistes, évolutionistes, etc. Et tous ces hommes, prêtres ou simples laïques, hauts dignitaires et professeurs, ces femmes distinguées, ces vieillards, ces jeunes gens, visaient en somme, bon gré mal gré, à un intérêt universel. Que plusieurs aient gardé leur pensée de derrière la tête ou réfréné avec mauvaise humeur leur esprit de combat, on le devinera sans peine. La courtoisie où l'on s'est toujours tenu n'a pas empêché, par exemple, une apostrophe intolérante du Révérend Joseph Cook, de Boston, un volumineux « docteur en

— La collection des procès-verbaux a été publiée, en 9 livraisons de 16 pages grand format, par la Werner Company, de Chicago, sous le titre de *The Religious Event of the Nineteenth Century, A full and verbatim Report of the adresses delivered before the World's Parliament of Religions*, etc.

divinité », dont un journal a dit qu' « il faisait trem-
bler la tribune sous le poids de trois cents livres d'orthodoxie ». M. le comte A. Bernstorff, de Berlin, a
jeté une déclaration hautaine, presque blessante ;
quelques paroles vives ont été échangées au sujet des
missions chrétiennes dans l'Hindoustan et le Japon.
Une pensée généreuse a pourtant dominé cette assemblée, et les applaudissements unanimes provoqués à
chaque fois par les mots de fraternité et de concorde
ont témoigné avec force que les peuples d'aujourd'hui
réclament une religion de paix et sont fatigués d'écrire
les annales du monde avec du sang.

Il n'a pas été formulé, sans doute, des conclusions
précises. Celles mêmes qui sortent des discussions avec
le plus d'évidence sont les seules qui n'y pouvaient être
absolument énoncées. Mais le parlement des religions
a commencé un mouvement qui ne finira pas avec
lui. Une commission s'est réunie pour en continuer
l'œuvre ; elle vient d'affirmer son existence, au seuil de
la présente année, en une sorte de fête commémorative
qui a été très brillante. Il se peut que nous ayons un
second Congrès à Paris en 1900. C'est là, de toute façon,
un événement de haute importance, qui mérite la plus
sérieuse attention. J'ai lu avec soin tous les discours,
adresses, lettres ou messages qui ont été prononcés ou
communiqués. Je voudrais maintenant donner mon
impression et retirer de ces pièces si diverses les enseignements qu'elles me semblent contenir.

Quel est le caractère des trois grandes religions qui
se partagent aujourd'hui l'empire du monde ; comment
elles se propagent et quelle sera leur aire probable
d'extension ; en quelle mesure leur succès dépend des
conditions historiques, de la race et du milieu ; quelle

évolution plus ou moins marquée s'accomplit enfin
dans leurs doctrines au contact de la science et de la
vie moderne : telles sont les questions que nous allons
brièvement examiner.

I

Les religions sont des œuvres vivantes. Elles valent
surtout par l'action qu'elles exercent. On me pardon-
nera donc de négliger celles qui occupent dans le monde
une moindre place. Je ne m'attarderai pas à critiquer
les fidèles de Zoroastre ou de Swedenborg, ni même à
relever les caractères qui distinguent certaines sectes
chrétiennes ou hindouistes, à moins qu'elles ne présentent une évolution réelle dans leur groupe respectif.
Ces omissions n'impliquent nullement, de ma part,
une défaveur à l'égard de leur philosophie ou de leur
tradition particulière. Mais il nous faut ici considérer
de préférence, en ne les prenant aussi que dans leur
ensemble, les trois grandes religions qui remplissent à
peu près toute la scène du monde, je veux dire le Bouddhisme, le Christianisme et l'Islamisme. Elles ne sont
pas seulement des disciplines actives en un milieu
fermé, elles sont surtout prosélytiques et s'étendent sur
une aire illimitée.

Ce passage même est tout à fait significatif dans la
vie des religions. Institutions purement nationales à
leur début, elles visent plus tard à devenir des disciplines universelles. A son premier état, la religion suit
la fortune politique d'un groupe ou d'une race; elle
meurt avec lui ou déchoit avec elle, non pas, il est vrai,
sans léguer certaines idées qui revivront en un culte

nouveau et feront route sous pavillon étranger ; mais leur progrès original a trouvé sa borne, et tout espoir leur est refusé d'accroître leur empire. A son deuxième état, la religion se crée une destinée indépendante de l'organisme social ; la nature plus générale de sa doctrine marque un progrès dans la pensée de l'espèce, et le système philosophique qu'elle représente n'est plus soumis désormais qu'aux lois d'évolution de l'esprit humain. Elle a chance alors d'user toute la vertu de son principe et de se renouveler elle-même par un travail d'accommodation à des milieux différents. L'issue possible d'un pareil travail reste justement un des graves problèmes d'aujourd'hui, pour les trois religions qui nous occupent.

M. le professeur Goodspeed, de Chicago, a indiqué la loi que je viens de rappeler. Il étudie les religions mortes, et relève la part exacte de chacune dans notre héritage ; il montre ce que les doctrines de l'Égypte, de la Babylonie et de l'Assyrie ont légué au Judaïsme, partant au Christianisme. « Parmi les problèmes de la vie religieuse actuelle, écrit-il à ce sujet, celui des relations de l'Église et de l'État s'éclaire à l'étude des religions mortes. Dans l'antiquité, les deux organismes étaient presque identiques l'un à l'autre. Le plus souvent, l'Église était la servante de l'État. Les résultats furent désastreux pour les deux parties ; mais la religion surtout en souffrit. La vérité dut se plier aux besoins d'un état social imparfait, et le sort de la religion fut lié au succès de la politique : elle disparut, quand la nation fut détruite. » Si les systèmes religieux survécurent, ajoute M. Goodspeed, ils furent absorbés par une religion plus puissante, c'est-à-dire capable de se les assimiler, et tel fut l'office du Christianisme à l'égard des religions précédentes. Celles-ci avaient manqué d'une réelle unité de pensée; leur principe d'organisation était l'inclusion des cultes locaux, et non pas l'établissement d'une grande idée. Ces religions étaient tolérantes par le fait même de leur indécision dogmatique.

M. Goodspeed conclut de ses remarques à la nécessité d'une théologie. J'en reste maintenant à notre loi d'évolution : elle se vérilie pour les trois systèmes qui se partagent le monde.

Le Brahmanisme enferme diverses écoles. La doctrine qui en fait le fond, ce que M. Manilal N. Dvivedi appelle l'Hindouisme, c'est, dit-il, « la croyance en l'existence d'un principe spirituel dans la nature et en la doctrine de la réincarnation ». Le Brahmanisme a légué au Bouddhisme cette croyance. Mais le Bouddhisme est essentiellement un système de morale, tandis que le Brahmanisme, comme le dit Mrs. Sunderland, de Ann-Harbor, est « une caste ». Les orateurs hindous constatent aussi ce caractère d'institution politique. Ils nous apprennent d'ailleurs que le régime des castes est devenu funeste à leur pays par la multiplication abusive et l'étroitesse des catégories sociales. C'est pourquoi il y a surgi des novateurs qui poursuivent, sous le nom de Brahmo-Somaj, une véritable régénération du peuple hindou et veulent réformer à la fois le régime des castes, le mariage, etc. Le Brahmo-Somaj a trouvé pour orateurs au parlement MM. Mazoomdar et B. Nargarkar. Ces hommes d'initiative introduisent dans la pensée hindoue des modifications qu'elle refuse peut-être [1]; encore est-il qu'ils visent

(1) Le Brahmo-Somaj, pénétré de la pensée occidentale, rejette

d'abord à relever leur nationalité, et c'est le Bouddhisme seul qui nous offre la vieille religion de l'Inde
transformée en discipline universelle.

Le Bouddhisme est donc prosélytique, et, s'il n'a
pas triomphé dans son pays d'origine, faute d'y pouvoir entrer dans le tissu social, il a gagné tout l'Orient.
En Chine, il rencontre le Taoïsme et le Confucisme.
Or, la doctrine de Confucius est bien un système de
philosophie et de morale ; mais elle est aussi un système de gouvernement et reste profondément chinoise, en tant que liée à l'institution de la famille
« immortelle », dont le culte des ancêtres et l'inaliéna-
bilité du bien familial assurent la durée [1]. Il s'en faut
que la vertu de cette admirable institution soit épuisée :
elle imprime du moins aux disciplines morales de
Lao-Tsee et de Confucius un caractère si parfaitement
local, que le Bouddhisme a pu se superposer à elles
sans les éliminer.

Le Judaïsme, au début, se présente également
comme une religion fermée, une véritable institution
nationale. Plus tard, il s'est agrandi, et la pensée
juive a évolué par un travail original d'assimilation et
de réflexion.. « Les Prophètes, remarque M. Goodspeed,
délivrèrent enfin le Dieu d'Israël des chaînes de la
nationalité et prêchèrent la doctrine d'un Dieu juste et
transcendant qui était celui de l'univers. » Les orateurs juifs n'ont pas eu de peine à montrer le caractère
élevé de leur religion. On a applaudi à ces paroles de

la réincarnation et accepte un Dieu extra-cosmique — qui ne
laisse pas de s'infuser dans le Tout. Au fond, c'est un système
non hindou, déclare M. Manilal N. Dvivedi.

(1) Je renvoie au beau livre de M. G. Eug. Simon, *la Cité
Chinoise* (Paris, Bureaux de la *Nouvelle Revue*, 7ᵉ éd., 1891).

M. le rabbin Gottheil, de New-York, que « toute église chrétienne et toute mosquée sorties de terre sont un monument à la gloire de Moïse ». Il reste vrai néanmoins que la lumière du Judaïsme a brillé sous la bannière des religions issues de lui et que sa capacité d'extension a été limitée par la naissance même du Christianisme et de l'Islamisme.

Le Christianisme, sous ses diverses figures, revendique le premier titre à la « catholicité ». Son enseignement moral est large, et ses églises se sont affranchies de la politique. Seule peut-être l'Église romaine, plus imprégnée des tendances gouvernementales du monde latin, maintient son droit sur l'institution du mariage et dispute les écoles à l'État. Au delà des mers, la propagande chrétienne se fait d'ailleurs, nous le verrons bientôt, très accommodante, et ne rencontre d'autre borne à son action que la difficulté inhérente à certaines races de comprendre sa théologie.

La position de l'Islamisme est sensiblement différente. La doctrine évangélique a son expression la plus haute dans le « Sermon sur la montagne » ; on n'y trouve qu'un appel à la justice, à la bonté, aux vertus humaines, et, sauf en ce qui regarde le mariage [1], nulle opinion relative à la loi civile. L'Évangile ne prétend pas régler le temporel ; c'est par l'éducation morale de l'homme qu'il prend influence sur les affaires de la vie. Le Coran et le Sounnet, au contraire,

---

(1) M. le professeur M. J. Wade a défendu au Parlement, au point de vue social, l'indissolubilité du mariage, commandée par l'Église au point de vue religieux. Le frère Azarias et le colonel Higginson ont signalé les dangers de l'école sans religion et sans idéal supérieur. Ces deux graves questions de l'éducation et du mariage ne sauraient être considérées comme résolues en Occident.

n'enferment pas seulement une morale ; ils sont un
un code. Mahomet a été chef de peuple, législateur, et
par là il ressemble à Moïse, non pas à Jésus. L'Islamisme garde cependant le caractère de religion universelle, grâce à la simplicité, à la généralité de sa
doctrine. Il suffit, pour être musulman, de croire en
un Dieu unique et en la mission de Mahomet. Celui-ci
est le « Prophète des musulmans » ; les juifs, les
chrétiens ont aussi les leurs, auxquels le Coran ne
refuse pas le titre d'envoyés de Dieu. Pour être un
« bon musulman », il faut observer encore la prière,
le jeûne, l'aumône et le pèlerinage ; il faut croire aux
anges, aux livres saints, à la résurrection après la
mort, et en ceci, remarque le Révérend Georg. Washburn, président du *Robert College* à Constantinople,
l'Islamisme est d'accord au fond avec le Christianisme ;
la divergence ne s'accuse que dans les développements.
Il convient d'ajouter que le droit musulman possède
une élasticité singulière, grâce à la faculté d'*islamiser*
les lois étrangères [1] par une fiction légale analogue à
celle dont usait à Rome le préteur, si bien que le
Coran et le Sounnet ne forment pas une barrière
infranchissable et ne limitent point l'extension religieuse de l'Islam.

II

Chacune de ces trois religions porte sa « bonne
nouvelle » à travers le monde [2]. Quelles sont leurs

(1) Voyez Savvas Pacha, *Étude sur la théorie du droit musulman* (Paris, Marchal et Billard, 1892).

(2) M. Paul Carus vient justement de publier une excellente

chances de succès ? Quelle sera leur aire définitive ?
Bien des renseignements sur ce point ont été apportés
au Congrès. Les missions y offraient un sujet des plus
délicats. Un orateur japonais, M. Kinza Ringe M. Hirai,
les a qualifiées d'entreprises calamiteuses ; il a su se
faire applaudir des chrétiens eux-mêmes en déclarant
avec franchise que, le premier au Japon, il avait pro-
voqué le bannissement des missionnaires du Christ,
non point par hostilité contre leur foi, mais à cause
des persécutions qu'ils valaient à ses compatriotes.
Les peuples chrétiens, a-t-il dit, cachent leurs entreprises spoliatrices sous le masque de la religion, et
la morale qu'ils pratiquent est telle qu'on se doit
féliciter d'être « païens ». Un prêtre brahmaniste,
M. Satsamchyra, et un savant prêtre bouddhiste,
M. H. Dharmapala, ont flétri à leur tour la dureté des
missionnaires anglais à Ceylan, en Birmanie, au Japon,
en Chine. « Ils ne convertissent, ont-ils dit, que des
hommes du type inférieur. C'est par d'autres qualités
que les Bouddhistes ont conquis l'Asie et adouci les
Mongols barbares. Ils n'arrivaient pas avec la Bible
dans une main et une bouteille de rhum dans l'autre.
Ils n'apportaient que sympathie et amour. »

Le Révérend F. M. Bristol a jeté son mot dans le
débat : il a conseillé sagement de *sauver* Boston et
Chicago avant de *sauver* Calcutta et Shanghaï. La
presse américaine l'a approuvé et a marqué son éton-
nement qu'on dépensât des sommes énormes pour
évangéliser des nations dont la moralité n'est en rien
inférieure à la nôtre. M. Allen Pringle insiste avec elle

compilation des vieux livres bouddhiques sous ce titre significatif, *l'Évangile de Bouddha* (*The Gospel of Buddha*, Chicago,
The Open Court Publ. Co., 1894).

sur l'inutilité des missions catholiques ou protestantes aux pays de Bouddha et de Confucius. Il ne faudrait pas se flatter cependant que les débats du Congrès auront puissance de les arrêter. Les religions prosélytiques continueront leur action, aussi longtemps qu'elles resteront vivantes ; la propagande religieuse, nous ne devons pas l'oublier davantage, est soutenue par le mouvement d'expansion de certaines races ou de l'esprit de ces races.

Quelle balance s'établira entre l'Orient et l'Occident avant que les religions existantes aient produit tout leur effet, on n'en saurait décider à la légère. Le Révérend Georg. Washburn fait observer que le Christianisme a conquis 400 millions d'âmes, après 1 900 ans d'existence, quand l'Islamisme en compte à peine plus de 200 millions après 1 300 ans ; le Mahométisme, a-t-il ajouté, reste confiné à l'Asie et à l'Afrique, alors que le Christianisme est la religion de l'Europe et du Nouveau-Monde et gouverne politiquement notre univers, à l'exception de la Chine et de la Turquie. Les Musulmans toutefois, il convient de le remarquer, ne redoutent guère, dans les pays où ils se répandent, la concurrence de nos missionnaires. Nous le savons par tous les récits des voyageurs. Les conversions que fait le Christianisme, écrit M. W. H. Quilliam [1], se comptent par milliers, celles que fait l'Islamisme par millions. Le vaste empire britannique renferme 70 millions de Musulmans ; le gouvernement de la Reine ne

------

(1) *The Faith of Islam*, ouvrage cité par Mrs. Teresa Viéle, en une communication au Congrès féministe de Chicago, sous ce titre : *Turkey and the Religion of Islam* (Liverpool, Crescent Printing Co.). — M. Quilliam dirige à Londres la revue *The Islamic World*.

songe point à les molester, pour la sûreté même de ses colonies. Bref, l'Islam est impénétrable, et, comme l'a fait remarquer aussi M. Charles Mismer [1], il est la seule religion peut-être qui ne compte pas de renégats.

Est-il si vrai, d'ailleurs, que l'Islam soit pour jamais confiné dans ses limites actuelles ? Mrs. Viéle nous apprend qu'en Angleterre une propagande islamique a commencé, qu'il existe des communautés musulmanes, toujours prospères, à Manchester et à Londres. Au Congrès même, une chaude apologie a été prononcée par M. Mohammed Alexander Russell Webb, un citoyen américain converti à la foi de Mahomet [2]. Que savons-nous enfin des futures destinées des vastes pays où il se répand et de l'influence qui pourra leur appartenir dans un avenir lointain ?

Le Bouddhisme ne résiste pas moins bien. Il s'infiltre jusque parmi nous. L'Amérique du Nord est attentive à sa philosophie, et, d'après des publications récentes, l'Inde pourra exercer quelque action sur la pensée religieuse américaine. En France, nous avons des admirateurs du Bouddha; la plupart restent des dilettanti, séduits au chatoiement d'une doctrine exotique ou y cherchant la parure d'un pessimisme commode [3]. Mais le vrai terrain du Bouddhisme est l'Orient. Il y demeure

---

(1) *Souvenirs du monde musulman*, p. 130 (Paris, Hachette, 1892).

(2) La polygamie, disons-le en passant, n'est pas essentielle à l'islamisme. M. Webb déclare même n'avoir rencontré dans sa vie que deux musulmans — ce n'est peut-être pas assez — ayant plus d'une femme.

(3) Je note que les savants hindous voient dans le pessimisme de Schopenhauer un travestissement fantaisiste de leur doctrine. Les Orientaux se plaignent que certains savants européens les comprennent mal et affichent une érudition menteuse.

à peu près partout victorieux. Si le Judaïsme, le Christianisme et le Mahométisme sont représentés en Chine, ils n'y ont aucun succès réel. Le Bouddhisme est professé par l'immense majorité du peuple chinois.. Ce n'est d'ailleurs, nous apprend M. Eugène Simon [1], qu'à titre individuel ; il a importé avec lui des superstitions fâcheuses, mais n'a pas exercé sur les institutions et l'esprit de la nation une influence comparable à celle qu'on attribue d'ordinaire aux croyances des autres peuples. La Chine ancienne n'ayant ni temples ni prêtres, les bonzes n'ont pu s'y créer une situation privilégiée [2]. M. le professeur Isaac T. Headland, de l'Université de Pékin, a porté sur eux, au Congrès, un jugement très défavorable. Les Chinois se plaignent, de leur côté, des missionnaires chrétiens, et ces accusations réciproques, il faut l'avouer, ne justifieraient que trop cette recommandation fréquemment adressée au peuple du Céleste-Empire par ses gouvernants : « Défiez-vous des religions ! »

Le lieu où s'engage la lutte décisive entre les missionnaires du Christ et ceux du Bouddha, c'est le Japon.

---

(1) *La Cité Chinoise*, p. 67 et s. — M. le comte de Castries (*l'Islam, impressions et études*, Paris, A. Colin, 1896) note cependant que l'islamisme compte 20 millions de fidèles dans l'empire du milieu, et rapporte l'opinion de M. Vasilief et de M. Montet, qui prédisent finalement sa victoire sur le bouddhisme en ce pays. Mais n'est-ce pas une exagération ?

(2) « Les Chinois, écrit M. E. Simon, *ibid.*, p. 71, n'avaient jamais eu de prêtres... Aucun ne voulait consentir à le devenir, si bien que le gouvernement fut obligé de faire sortir des prisons un certain nombre d'individus que l'on chargea des soins spirituels et temporels des nouveaux temples. De fait, les bonzes ou prêtres bouddhistes n'ont jamais cessé de s'appeler eux-mêmes les *condamnés à mort*, ni de porter le bonnet et la robe jaunes du bagne. »

Deux raisons nous commandent d'en juger ainsi. L'une est que ce pays, le seul pays bouddhique qui n'ait pas subi la conquête étrangère, est aujourd'hui le centre le plus actif du Bouddhisme et pourra devenir pour cette religion, dans l'avenir, ce que Rome est pour le Christianisme [1]. L'autre est l'importance grandissante du Japon dans le réveil du monde oriental. L'Orient fait sa rentrée dans l'histoire, et cet événement, non prévu par nos hommes politiques, aura de lointaines conséquences. J'ai été frappé de ces paroles prononcées au Congrès par le Révérend E.-P. Paker, des îles Hawaï : « L'Océan Atlantique est la Méditerranée du monde moderne ; mais la Méditerranée future du monde sera le Pacifique. »

Nous ignorons trop, en Europe, ces vastes et vivantes contrées, et nous taxons volontiers de fanatisme et d'ignorance les moines hindous, les prêtres bouddhistes, les savants même de l'Islam. Ils se sont montrés, bien au contraire, ouverts et judicieux, hommes de large instruction, et surtout de bonne éducation, d'une courtoisie qui ne se démentait pas devant la morgue de certains adversaires, dans leurs répliques les plus finement aiguisées. Ces Musulmans, ces Hindous, que nous appelons païens, a dit M. Webb, parlent nos langues, ils connaissent nos sciences, notre histoire, nos religions. « J'étonnerais, a-t-il ajouté, beaucoup de mes auditeurs, si je leur rapportais ce que pensent les plus éminents, parmi les Orientaux, de cette civilisation dont nous sommes si fiers. » Ils admirent notre intelligence, mais ne vantent guère

(1) Voyez un article bien informé de C. Pfoundes, in *The Open Court*, 31 janvier 1895.

notre système social. Nos mœurs leur répugnent. Ils nous accusent d'apporter chez eux l'ivrognerie, et jusqu'à des vices, a déclaré M. Hiraï, « que le Japon ne connaissait pas, et dont je n'oserais parler même en une conversation privée ».

Les Japonais appliquent aux choses religieuses l'esprit d'initiative, ou d'aventure, qu'ils révèlent partout. Dans l'âme du Japonais, et si étrange que cela paraisse, remarque M. Nobuta Kishimoto, coexistent à la fois le Shintoïsme, qui est le culte national, le Confucisme et le Bouddhisme. « Il est éclectique en toutes choses. » Le Japon s'est fait son Bouddhisme à lui ; il se fait de même un libre Christianisme. Quelle que soit donc l'issue de la lutte entre ces deux religions importées du dehors (M. Horin Toki prédit la défaite du Christianisme, et M. Harnichi Kozadi, un chrétien japonais, en annonce le triomphe), le Christianisme qui s'établirait au Japon serait d'une espèce si particulière, que la doctrine en serait profondément modifiée, sans que l'intime pensée japonaise fût atteinte. M. Kozadi déclare lui-même que les sectaires font au Japon fausse route, et, contre l'avis des missionnaires, il réclame pour ses compatriotes toute liberté d'agir et de penser à leur guise.

Les hautes classes s'y partagent, nous apprend M. Kishimoto, entre l' « agnosticisme » de Spencer, le « matérialisme » de Comte et le « pessimisme » de Schopenhauer. Nul doute, à son avis, que la *religion* l'emporte à la fin sur l'*irréligion* de ces philosophes; Quant à la rivalité des religions chrétiennes et non chrétiennes, il estime que le Christianisme survivra, en raison de sa faculté d'adaptation. « Le Christ a vécu sa morale, c'est pourquoi il touche plus que Bouddha ou Lao-Tsee, bien que ceux-ci enseignent la même chose ». Mais nous n'avons pas besoin, déclare-t-il à son tour, du Christianisme d'Amérique ou d'Angleterre ; nous aurons celui du Japon; qui sera « un christianisme du Christ, purement et simplement ».

Nous touchons ici à la question de savoir ce qui détermine au juste le succès d'une religion. Elle mérite d'être examinée, car ce débat éclaire d'un nouveau jour le passé et l'avenir.

III

La théologie des diverses religions a été exposée au Congrès avec un luxe de développements quelquefois fastidieux. Je n'ai pas ici à les reproduire, ni surtout à discuter les croyances. Quelques lignes suffiront à en marquer les traits distinctifs et les modifications possibles.

On compte dans l'Inde une religion d'athées, le Jaïnisme [1], une religion « agnostique », le Bouddhisme, des théistes et des sectes idolâtres. Et pourtant, « tous ces rayons convergent vers un centre commun ». Ainsi s'est exprimé un moine éloquent, Swami Vive Kananda. Selon les Hindous, l'esprit est infusé partout ; chaque âme est comme un cercle dont la circonférence n'est nulle part, mais dont le centre est situé dans le corps ; la mort ne serait que le changement de centre d'un corps à un autre. L'âme est d'essence divine ; à travers les existences successives, elle se délivre de la matière

(1) Représenté au Parlement par un légiste de Bombay, M. Vichand A. Gandhi. Le Jaïnisme est professé, selon M. Gandhi, par 1 500 000 Hindous.

par la pureté et arrive à la perfection. Le terme du bonheur est atteint, lorsque, ayant dépouillé son individualité misérable, on parvient à la conscience universelle. On devient alors *un* avec la vie. Pourquoi l'ésprit habite en un corps, l'Hindou ne prétend pas en donner la raison, cela est un fait. Diffusion du divin, réincarnation des âmes et ascension vers la vie divine, telles sont les vérités essentielles. De l'homme tirer un dieu, voilà la règle.

Le Bouddhisme n'accepte pas un Dieu créateur. Sa doctrine est celle de l'évolution, telle, nous dit M. Dharmapala, que Grant Allen l'a formulée dans la *Vie de Darwin*, avec son corollaire, « la loi de la cause et de l'effet ». Cette grande loi, affirme un autre savant bouddhiste, Shaku Soyen [1], gouverne chaque particule de l'univers, chaque action de la conduite humaine. Santé physique, richesse, génie, souffrance, en sont les expressions directes.

L'évolutionisme et le monisme, qui sont le fond de la pensée hindoue, demeurent étrangers au Christianisme. Celui-ci proclame un dieu personnel et créateur, distinct du monde ; il reconnaît des âmes individuelles et libres, et fonde sur ces notions sa doctrine du péché et du châtiment. Il se rencontre ici avec l'Islamisme ; mais il heurte la pensée hindoue, selon laquelle un dieu personnel n'est qu'une idole de l'anthropomorphisme, où s'achoppe d'abord l'esprit humain. Ni le péché, pour l'Hindou, n'a le même sens absolu, ni le châtiment la même règle que pour le chrétien. L'hérédité régit le physique ; les existences antérieures expliquent le

(1) M. Dharmapala est de Ceylan ; M. Shaku Soyen est du Japon.

moral, et les existences postérieures la sanction. « La conscience, a dit Swami Vive Kananda, n'est que la surface de l'océan mental ; dans ses profondeurs sont amassées toutes nos expériences. »

Mais l'idée centrale, caractéristique, du Christianisme, c'est la Rédemption, c'est l'idée d'un Dieu qui rachète le monde en expiant les péchés du monde et enseigne aux hommes à profiter du bénéfice de ce rachat par le sang divin. Or, cette croyance est la plus inaccessible à l'esprit des autres religions. « Votre tempérament, a déclaré un brahmane fort instruit, M. Narasemachanya, de Madras, est différent du nôtre. Les choses qui vous touchent ne nous touchent point. Ces paraboles où vous découvrez tant de beautés, ces paroles et ces actes du Sauveur qui vous paraissent un guide suffisant à travers la vie, bien plus, votre croyance en la nécessité d'un sauveur par substitution (vicarious), qui est la pierre angulaire de votre foi, ne sont pour nous que des mots. Ils ne sauraient nous émouvoir ni nous convaincre. »

Le dogme de la Rédemption ne choque pas moins les Musulmans. Ils ne peuvent, dit M. Washburn, concevoir nos croyances relatives à la personne, à l'office et à l'œuvre du Christ. « L'idée de l'incarnation de Dieu en Christ est pour eux blasphématoire, absurde, incompréhensible. » Le Coran nie la Trinité, la divinité du Christ, et rejette les sacrements. Ceci assurerait à l'Islamisme quelque avantage dans les pays d'Orient où il entre en compétition avec les missionnaires chrétiens pour l'hégémonie religieuse. Étranger à la pensée hindoue par son dualisme, il se présente cependant comme un Christianisme simplifié, dégagé d'une métaphysique difficile ; et, à vrai dire, il faut tenir

compte de ce fait que, s'il est né dans un milieu moins
cultivé, il lui est néanmoins historiquement postérieur.
Que les églises chrétiennes abandonnent jamais. le
dogme de la Rédemption, c'est peu probable. Feu
M. le Professeur Rietschl a proposé, sans doute, de n'y
voir qu'un symbole[1]; il a donné le Christ pour un
homme en qui la vie divine est parvenue à son plus
haut développement. Mais le comte Bernstorff tient son
école pour dangereuse, et la stigmatise. Plus habiles
semblent les missionnaires qui déguisent la théologie
pour n'annoncer que l'Évangile et placent l'attrait du
Christianisme dans la figure de Jésus.

La qualité de cette belle figure constitue même le
véritable avantage du Christianisme sur l'Islamisme.
« La plupart des Musulmans, fait remarquer M. Washburn, acceptent Mahomet comme l'homme idéal, aimé
de Dieu, et la conception qu'ils se font de sa vie
exerce par conséquent une influence importante. sur
leur pratique morale. Or, Mahomet est un personnage
bien différent du Christ des Évangiles. La tradition lui
prête des actes qui ne sont guère compatibles avec la
pure morale chrétienne. » Le caractère positif de
Mahomet, dirais-je à mon tour, fait sa grandeur comme
chef de peuple, mais sa faiblesse comme prophète de
Dieu. Bouddha et Jésus sont des figures plus travaillées
par la légende ; elles ont acquis ce degré d'irréalité et
d'idéal qui agit le plus fortement sur l'imagination des

____

(1) M. le professeur Schaff a rappelé que, aux yeux des anciens
Pères, la Rédemption était le paiement d'une dette due au diable,
qui avait un droit sur les hommes depuis la chute d'Adam, mais
l'avait perdu par la crucifixion du Christ. Saint Anselme pro-
clama la théorie plus rationnelle de l'expiation d'une dette envers
Dieu.

hommes. Ils sont des types abstraits et poétiques, au lieu que Mahomet reste franchement historique, et par là l'Islamisme conserve ce cachet de religion natïonale que la personnalité de Moïse a imprimé également au Judaïsme.

On a allégué encore, en faveur du Christianisme, qu'il laisse plus de ressort à l'individu. Mᵍʳ Keane, de Washington, accuse le non-agir des religions de l'Orient. Elles voient dans l'individu un simple phénomène : il sort de l'être infini comme l'étincelle sort du feu ; elles condamnent l'existence comme un mal. Quant à l'Islamisme, il accepte que le péché est voulu par la sagesse de Dieu, et cette doctrine, dit M. Washburn, a dégénéré en fatalisme, malgré l'opposition vigoureuse de maints théologiens musulmans. Le Musulman, ajoute-t-il, assimile les désirs et la volonté : il évite donc la tentation plutôt qu'il n'y résiste. Il n'a pas idée de la conversion, au sens chrétien, du changement du cœur et de la victoire sur les sens.

Cependant les Bouddhistes pourraient opposer que le non-agir et le pessimisme ont aussi une racine dans l'esprit chrétien. Le renoncement, l'obéissance ou immersion en Dieu, n'appartiennent pas aux seules religions de l'Orient. Les Musulmans n'auraient pas de peine à découvrir non plus un courant fataliste dans le Christianisme. Tant d'affluents y ont apporté leurs eaux ! Il nous vient de la Bible, et par elle de l'Asie occidentale ; il nous vient de la Grèce, d'Alexandrie et de Rome. Impossible de juger des religions et d'expliquer leur plasticité apparente, si l'on ne scrute pas l'âme des races qui les pratiquent.

« On récolte ce qu'on a semé, » enseignait le Boud

dha. Un si beau principe n'a rien en soi de contraire à
l'action. Ce qui l'a pu paralyser chez l'Hindou, c'est le
penchant à l'introspection dont tous les Orientaux se
font honneur, c'est son effort continuel à voir Dieu, à
sentir Dieu. Mrs. Celia Parker Woolley, de Chicago,
fait observer avec justesse que l'Oriental cherche à
gagner le ciel par le désir et non par la volonté, alors
qu'une volonté régénérée et active deviendra le premier besoin d'une vie religieuse. « L'esprit hindou, a
dit le Révérend R. A. Hume, de Newhaven, a réfléchi
plus qu'aucun autre sur ces trois mondes, le ciel, la
terre et le monde inférieur. Mais il les a vus avec l'œil
tourné en dedans. Les facultés d'imagination et d'abstraction, qui recourent le moins au témoignage extérieur, sont chez lui les plus fortes, etc. » Encore est-il
que le Bouddhisme, une fois traité par le génie japonais, change de sens. La valeur « positive » s'en augmente. La même remarque s'applique à l'Islamisme; il
n'a pas produit les mêmes effets dans des milieux différents, au Turkestan et en Espagne. La culture varie
avec les conditions ethniques et géographiques.

Ne le dirons-nous pas également du Christianisme?
Les longs débats sur la grâce y ont fait prévaloir tour à
tour une doctrine de la prédestination ou de la liberté
théorique. Le théâtre du moyen âge en offre la mise en
action ici et là[1]. Dans la littérature religieuse, nous
avons des exemples du repliement sur soi, du délire
mystique, de l'espérance fondée sur le mépris de la
vie et le désir de la mort[2]. Des éléments assez hétéro-

---

(1) Je l'ai montré pour le personnage de Judas, du *Grand Mystère breton*, au chapitre v de *la Morale dans le drame, l'épopée et
le roman*.

(2) *L'Imitation, l'Ornement des noces spirituelles de Ruysbroeck*

·gènes circulent dans la pensée chrétienne ; quelques-
uns y ont produit des hérésies et en ont été éliminés,
d'autres s'y sont mélangés intimement. Il serait toujours possible de les rattacher, soit à des influences
d'origine, soit au caractère général d'une époque, soit
au génie d'une race particulière. L'unité même du
groupe latin n'empêche pas que la croyance y ait des
couleurs différentes selon le pays et l'étage social. La
race a été le facteur premier de la Réforme, et déjà ces
divers faits laissent présumer que le succès d'une religion dépend moins de sa valeur propre que de la vertu
des peuples qui la professent...

Certains membres du Congrès ont pensé pouvoir
invoquer, en faveur de la vérité du Christianisme, le
succès des nations chrétiennes. « Nous croyons au
Dieu fait chair, a déclaré le Révérend D.-J. Burrell, de
New-York. Comment démontrer la vérité de cette
croyance ? Par son influence sur le caractère individuel
et national. Le monde acceptera finalement la religion
qui produit le plus haut type de gouvernement et le
meilleur homme moyen. C'est là l'expérience cruciale. »
Nullement, à mon avis. Il n'est pas démontré que le
Christianisme ait tous les avantages, ni sur le Bouddhisme, ni sur l'Islamisme. Je n'apporte dans mon
appréciation aucun sentiment d'hostilité ; mais les
Brahmanes et les Bouddhistes (il faudrait ajouter les
Confucistes) me paraissent avoir exposé une philosophie qui se tient plus voisine de la science, et ils ont
montré surtout cette supériorité de n'avoir pas peur de
la science. Que leur largeur de vue nuise à leur propa-

---

l'Admirable, et combien d'autres ! — Voyez, sur Ruysbroeck,
trad. M. Mæterlink, *Revue philosophique*, janvier 1892.

gande, il se peut bien ; elle ne marque pas du moins
une infériorité mentale, et la conquête de l'Inde par
l'Angleterre ne diminue en aucune façon la valeur de
l'Hindouisme.

La supériorité générale d'une race n'implique pas
toujours, d'ailleurs, la supériorité de sa religion, et la
religion dominante chez un peuple a chance encore de
n'être pas l'expression exacte de son génie. Le problème
est autrement complexe. Il conviendrait de distinguer,
pour expliquer le succès d'une race, les circonstances
historiques et géographiques, puis les qualités du caractère, enfin la nature et le degré du pouvoir intellectuel.
Or, si l'on applique cette analyse aux peuples de l'Europe chrétienne, on constatera d'abord qu'ils ont dû
leur grandeur à l'héritage si riche recueilli du monde
ancien, à la situation géographique, au climat, bref,
à un ensemble de circonstances favorables, que ne
devait pas rencontrer plus tard le monde arabe. Le
caractère actif de ces peuples résulte en partie des conditions précédentes. Et quelles diversités frappantes,
à cet égard même, au milieu du monde chrétien, selon
les accidents d'origine, de mélange et de milieu ! Dans
l'Amérique du Nord, par le fait de croisements et de
circonstances particulières, s'est développé un type
nouveau, et cette modification de la race anglo-saxonne
a amené des conséquences très remarquables. Les
églises, a fait remarquer le Révérend H.-K. Carrol, sont
extrêmement divisées en Amérique, en raison de la
diversité des races. « Quel mélange, quelle variété dans
les costumes, les habitudes, l'état mental ! De là, toute
liberté pour les formes de la religion, et influence des
disciplines religieuses l'une sur l'autre. »

S'il est vrai, enfin, que les nations d'Europe ont une

supériorité marquée dans l'ordre scientifique, on ne saurait nier que leur évolution intellectuelle, depuis Galilée, a coïncidé avec un affaiblissement rapide du Christianisme, et, au sein de l'Église même, avec un déclin des idées de source orientale. Les peuples d'Occident, on peut le dire, ont modifié pratiquement, dans le sens le plus favorable à leur activité, la religion qu'ils avaient reçue des âges antérieurs, et dont ils ne pouvaient ni renverser tout à fait l'édifice dogmatique ni transformer d'emblée l'esprit. On s'y essaye néanmoins, je le montrerai tout à l'heure. Mais que prouvent ces tentatives de réforme, sinon la nécessité profondément sentie de remettre, s'il se peut, la religion d'hier à l'heure de la science d'aujourd'hui?

Il le faut bien avouer aussi. Notre politique ne s'inspire guère de nos croyances. L'Occident ne triomphe pas en vertu du Christianisme, et ce n'est nullement par ses qualités « chrétiennes » qu'il conquiert le monde. Faire honte aux leçons de l'Évangile de l'ambition dominatrice des peuples qui se disent chrétiens serait aussi injuste que de leur faire honneur de notre savoir. Et ce que je dis ici n'est pas à la défaveur de la religion du Christ. Gardons-nous cependant de lui attribuer, ni les mérites d'un état intellectuel qui ne relève point d'elle, ni les démérites d'une politique en parfait désaccord avec la morale qu'elle enseigne au monde. Rendons à l'antiquité païenne et à la race ce qui nous vient d'elles, et au Nazaréen ce qui nous vient du Nazaréen.

IV

Les religions sont l'expression de la détresse humaine : là seulement est leur vérité et leur force. Dans la dépendance de l'inconnu où il s'agite et la crainte de la mort, dans les misères qu'il lui faut subir et les injures qu'il souffre de la nature ou de ses semblables, l'homme cherche les compensations d'un au-delà, l'appui d'une force souveraine et supérieure. Il crée avec ses désirs le dieu ou la raison du monde qu'il embellit ensuite avec sa poésie et justifie avec son intelligence. Leur métaphysique n'est pas, à l'ordinaire, ce qui recommande les religions qu'il s'est donné, et la théologie la plus raisonnable finit par s'user au contrôle des sciences positives. Les sociétés modernes en sont déjà venues à ce point que notre religion commence à sortir de notre vie, autant surtout qu'elle ne progresse plus avec l'esprit des races qui lui avaient fait son heureuse destinée. Ne marchandons pas nos hommages aux orateurs du parlement qui ont osé le reconnaître et s'acheminent ainsi à constituer, sur le terrain de la philosophie indépendante, les croyances de demain. Bien instructif est le spectacle des changements qui s'accomplissent, à ce point de vue, parmi les grandes communautés religieuses.

M. le professeur Philip Schaff, de New-York, signale l'utilité des sectes ; elles sont, dit-il, « la vie d'une religion », et il ajoute : « Tout le système de l'orthodoxie traditionnelle, grecque, latine et protestante, doit progresser, ou sinon il sera rejeté et perdra son action sur les hommes pensants. Il faut que l'Église se maintienne,

en paix avec la civilisation, qu'elle s'ajuste elle-même
aux conditions présentes de la liberté religieuse et politique, et accepte les résultats établis par la critique
aussi bien que par les sciences de la nature: Dieu parle
dans l'histoire et la science non moins que dans la
Bible et l'Église, et il ne saurait se contredire. La vérité
est souveraine, elle doit prévaloir sur l'ignorance, l'erreur et les préjugés. »

Oui, les séctes sont la vie d'une religion, et la
garantie aussi de la liberté religieuse. On a dit que le
catholicisme gagne du terrain aux États-Unis ; j'ai
peine à croire que ce grand-pays renonce au bénéfice
de son état présent. Si la religion chrétienne a chance
de vivre, c'est en se transformant : le pouvoir indis-
cutable de la papauté y aiderait ; elle semble pourtant
ne le pouvoir faire que dans le protestantisme, grâce à
la diversité de ses églises. Il y passe un souffle de
réforme, et certaines de leurs adresses paraîtront à des
lecteurs catholiques étrangement révolutionnaires.

Jésus est le seul des grands prophètes dont ses fidèles
aient proclamé la divinité. Une lettre de Max Müller,
lue au Congrès par son président et organisateur, M. le
Dr John Henry Barrows, invite à revenir au Christianisme de saint Clément et d'Origène, au Christianisme
« honnête et rationnel » d'avant le concile de Nicée.
Nulle Église n'a suivi la tradition primitive, sauf peut-
être l'Église baptiste, et encore s'est-elle fractionnée.
Mais il n'est pas interdit de penser que l'opinion de
Max Müller, qui était aussi celle de Renan, demeure
latente et pourrait encore se faire jour. A vrai dire,
l'acceptation du symbole de Nicée ne se concilie pas
facilement avec les déclarations que nous allons voir
touchant le caractère des « livres sacrés ».

Au début, chaque religion réclame le privilège de la révélation pour ses seules écritures. Les Bouddhistes ont quitté ce champ étroit. Swami Vive Kananda professe que toutes les religions sont vraies. Chacune, dit-il, représente un moment de l'évolution religieuse ; les contradictions qui se manifestent entre elles viennent de ce qu'une même vérité doit s'adapter à des circonstances et à des natures différentes. La même lumière nous arrive sous des couleurs variées.—« Je suis, a dit le Seigneur, dans chaque religion, comme est le fil à travers le rang des perles. » Ce moine éclairé reconnaît une égale valeur au Brahma des Hindous, à l'Ahura Mazda des Zoroastriens, au Bouddha des Bouddhistes, au Jéhovah des Juifs, au Père des Chrétiens « qui est aux cieux ». M. Dharmapala, et d'autres aussi, ont rendu à Jésus un touchant hommage.

En général, les Chrétiens réservent pour leurs seules Écritures le caractère divin et proclament ainsi la supériorité absolue de leur croyance. Quelques-uns cependant laissent apercevoir le passage à un deuxième état. S'ils attribuent la plus haute valeur à la Bible et aux Évangiles, ils accordent du moins le bénéfice de la révélation aux livres sacrés des autres religions et conviennent d'ailleurs que tous ces livres, et la Bible elle-même, renferment autant d'erreurs que de vérités.

Mgr Redwood, archevêque catholique de la Nouvelle-Zélande, accepte que Dieu a révélé en tous lieux des vérités, et reconnaît la valeur relative des diverses religions. Le Révérend Alfred Momerie, de Londres, découvre partout l'inspiration de Dieu, dans Confucius aussi bien que dans la Bible. Mgr Christoforo Jibara, archimandrite du siège apostolique et patriarcal de l'Église orthodoxe de Syrie et d'Orient, a ému l'assembléé avec ces paroles solennelles : « Mon professeur, qui était un saint homme, a été tué par les Mahométans ; mon frère a été tué par les Mahométans ; et pourtant je viens vous dire ici que le Coran est un livre inspiré, et que, sans le Coran, il est impossible de bien comprendre l'Évangile. Les différences ne sont pas dans les livres mêmes, mais dans la manière dont le peuple les comprend. »

Plus hardis, d'autres Chrétiens arrivent à ce troisième état, où la révélation d'en haut se résout en inspiration de génie dans quelques hommes supérieurs. M. le professeur C.-H. Toy, de l'Université de Harvard, trouve dans l'expérience humaine de chacun de nous la vraie révélation divine. M. le professeur Carpenter, d'Oxford, montre que le livre « est indispensable à une religion de missionnaires », qu'il a toujours été « l'instrument nécessaire de la conquête ». Puis il ajoute : « C'est dans les termes communs de l'expérience morale universelle que réside le premier et plus large élément de révélation. L'inspiration est partout, dans les hymnes égyptiens et le Zend Avesta comme dans Isaïe. Il peut y avoir plusieurs théologies, il n'existe qu'une religion. Le Brahmanisme, le Bouddhisme, l'Islamisme, ne sont pas des religions fausses ; elles sont une même croyance, plus ou moins bien formulée. » Le Révérend E.-L. Rexford, de Boston, déclare enfin que la Providence n'a pas de lieu d'élection, et qu'il n'est pas non plus de religion vivante qui soit aujourd'hui ce qu'elle était il y a deux ou dix siècles. « Toute révélation, dit-il, et même celle de nos livres saints, doit être interprétée et *découverte*. Les livres sacrés du monde, loin de venir de Dieu, sont les archives de l'intelligence humaine s'appliquant à connaître l'œuvre de Dieu. L'expérience de l'âme est plus profonde que tous les livres. Les grands fondateurs de religion n'ont pas créé, ils ont découvert ce qui existait déjà. Les uns ont révélé plus, les autres moins, mais tous ils ont révélé quelque vérité de Dieu en aidant le monde à voir. »

Notre horizon s'élargit, et ces idées plus libérales promettent l'affranchissement du dogme. L'esprit sectaire ne désarme pas cependant. M. le professeur Wilkinson, de Chicago, a osé dire que « l'attitude du Christianisme envers les autres religions est une attitude d'hostilité universelle, absolue, éternelle, inapaisable, tandis que, envers les hommes, sans en excepter les adhérents des religions fausses — mais ceci venait comme le murmure de la flûte après l'éclat de la trompette — c'est une attitude de pardon, de miséricorde et de paix. » Des paroles si outrecuidantes froissent les âmes pieuses et éloignent toute conciliation. Combien M. le rabbin Kohut, de New-York, a dit plus noblement que seule la droiture sauve et la bonne conduite rend heureux ! Et quels accents de révolte généreuse a fait entendre miss Joséphine Lazarus ! « Ce dont le monde a besoin, s'est-elle écriée, et non seulement les Juifs, qui ont porté le joug, mais les Chrétiens qui persécutent au nom du Christ et ont édifié une civilisation si étrangère aux principes qu'ils enseignent, ce dont nous avons tous besoin, Gentils et Juifs, ce n'est pas tant d'un nouveau « corps de doctrine » que d'un nouvel esprit, qui, s'infusant dans la vie, la refera sur un meilleur plan et la dévouera à un idéal plus élevé. »

Il s'est trouvé des Chrétiens aussi, je me hâte de le dire, qui ont fait appel à la morale oubliée et ont

détourné du Christianisme le poids de cette réproba-
tion. Le prince Serge Wolkonsky, de Russie, a placé le
prix du sentiment religieux dans son influence adou-
cissante. La Révérende Ida C. Hultin a déclaré même
que le nom de chrétien importe peu, que l'esprit chrétien suffit. Hors du Parlement, l'un de ses membres,
le Révérend Jenkens Lloyd Jones a prononcé dans son
église un sermon où l'on trouve ce passage : « Jésus,
le prêtre simple de caractère, l'homme du sermon sur
la montagne, des paraboles du bon Samaritain et de
l'Enfant prodigue, a été magnifiquement honoré dans
le Congrès. Mais le Christ du dogme, le Christ de la
doctrine orthodoxe du salut, a été menacé. Il n'y a pas
eu de place pour cette doctrine étonnante qui envoie
au ciel un chrétien voleur et meurtrier, et jette à
l'enfer un païen respectueux de la vie et guidé par la
charité. Jésus, comme un des Sauveurs du monde, et
le plus noble, je pense, des guides spirituels, demeure
plus cher et plus proche de nous. Mais le Jésus sauveur
unique, appelé par des voies miraculeuses à renverser
l'œuvre des autres prophètes de l'humanité, trouvera
peu de garantie dans la pensée et le sentiment qui
sortiront de ee Parlement des religions. »

Au sein même du Congrès, le Révérend Momerie a
jeté de cinglantes apostrophes. « Le Christianisme,
a-t-il dit, a singulièrement dévié de son premier enseignement. Les disciples du Christ se sont engagés pour
des siècles en des controverses violentes sur la question de savoir si sa substance (ce que cela peut bien
être, je n'en sais rien) est la même que celle du
Père, etc. Ils ont combattu comme des tigres pour
donner une définition du Dieu de paix. Ensuite la
chrétienté s'est littéralement coupée en deux au sujet

de cette autre question, si le Saint-Esprit (quoi que
cela puisse signifier!) procède du Père ou du Fils. Et
ma propre Église, l'Église anglicane, est maintenant en
danger de division pour une affaire de costume, de
hochets! Que les arguties théologiques aient eu leur
utilité, on en pensera ce qu'on voudra; mais elles
n'avaient point de rapport avec la religion telle que
ses grands maîtres l'avaient comprise. Tous, ils ont
été d'accord en ceci, que la conduite est la seule chose
nécessaire... Je ne méconnais pas l'importance de la
croyance en Dieu. Mais une explicite reconnaissance de
Dieu n'est ni le commencement ni l'essence de la religion. La religion peut manquer de métaphysique,
d'esthétique, de tout ce que vous voudrez; sans amour
elle ne serait que raillerie et hypocrisie. Le grand au-
delà nous ménage d'étranges surprises. Nous trouverons peut-être que tel homme qu'on appelle athée aura
été plus vraiment religieux que nous, membres professionnels des églises chrétiennes. »

Paroles contagieuses, dont la formule dernière était
que les rites ne sont que des gestes, et les théologies
des hypothèses. Si on ne l'a proclamé expressément,
on l'a donné à entendre. L'invisible courant qui passe
dans les foules a remué à plusieurs fois cette prudente
assemblée. La voix qui sort de réunions semblables ne
prend pas sa force de la seule imitation; elle exprime
les pensées intimes du plus grand nombre, — pensées
indécises, avouées ou combattues. On a beau les
refouler au fond de soi. Dès qu'elles trouvent leur
expression juste et ferme dans la bouche d'un autre
homme, elles surgissent brusquement et s'imposent à
la conscience. Les gestes, les silences ou les murmures
d'une assemblée, les précisent, les confirment. Vaine-

ment, l'heure passée, on tâche de se ressaisir. On a
livré son secret.

V

Faire la part du feu, tel a été, en résumé, le mot
d'ordre, et pour quelques-uns la part du feu c'est
toute la théologie. Le programme même de ce Parlement était : « Unir toute religion contre toute
irréligion ; faire de la règle par excellence (golden
rule) la base de cette union ; présenter au monde
l'unité substantielle des religions diverses dans les
bonnes œuvres de la vie religieuse. » Appel excellent,
jugeait avec finesse le général Trumbull, si l'on entend
la ligue du bien contre le mal et de la vertu contre le
vice ; mais détestable, si le mot d'irréligion doit
s'appliquer encore aux hérétiques, aux libres-penseurs,
à tous ceux qui ne fréquentent ni église, ni mosquée,
ni synagogue. Et qu'est-ce au juste que la *religion ?*
On ne s'est pas trouvé d'accord pour la définir, et l'on
a surtout marqué ce qu'elle est en disant ce qu'elle
n'est pas.

La religion n'est pas la science. « Toutes les *fois*, a
affirmé le colonel Thomas W. Higginson, du Massa-
chusetts, sont également nulles pour la connaissance
et puériles dans leur crédulité ; mais, par leur aspiration, elles sont toutes sublimes, car elles cherchent
une vie supérieure. Ce qui fait la religion, c'est la
victoire du bien sur le mal, — un pas en avant, et
non un pas en arrière, dans l'histoire de l'humanité. »

La religion n'est pas non plus la morale. « L'établissement indépendant des lois morales, concède M. le

professeur C.-H. Toy, aide à fournir le contenu de l'idéal religieux. Le progrès moral en Europe a été en proportion de la culture générale plutôt que de la ferveur religieuse. L'idée de justice a été acquise dans les rapports entre peuples. La religion est un pur sentiment, et ce sentiment ne connaît pas le caractère moral de son objet tant qu'il ne l'a pas appris de la vie elle-même. La religion n'a donc pas produit la moralité, mais elle y introduit une complexité nouvelle par le sentiment de notre relrtion avec un pouvoir extra-humain. »

Aspiration qui dépasse la connaissance positive, sentiment du divin qui achève le monde moral, cela donc serait toute la religion. Ici la pensée de l'Orient rencontre celle de l'Occident. Sur la notion de Dieu et de l'âme, le conflit subsiste entre les deux, et M. Dharmapala a pu dire, en considérant la tendance monistique de la philosophie moderne, que « la barque du dualisme est près d'être submergée. » Une déclaration significative a été faite cependant par M. le rabbin Hirsch : « Nous savons que Dieu est, non ce qu'il est. Il croit en Dieu, celui qui est juste. » Elle semblera assez large pour satisfaire bien des esprits, et cette définition de la religion, donnée par M. Hirai, ne l'est pas moins. « La religion, a-t-il dit, est une croyance *a priori* en une entité inconnue, et nul être humain, nul animal inférieur, ne peut échapper à cette croyance. Se reposer sur la connaissance pour échapper à l'inconnu c'est oublier que la connaissance vient de l'intellect, et que l'intellect connait au moyen de prémisses qui ne se démontrent point. Dieu est la cause relative eu égard à l'effet. Créateur, il perdrait le caractère d'absolu, il serait limité dans ou par sa création. » Est-ce Dieu qui a créé la vérité, interroge ensuite l'orateur japonais avec

quelque ironie, ou la vérité qui a créé Dieu ? « Je ne
découvre qu'une entité, la *vérité*, c'est-à-dire ce qui
établit la connexion de la cause et de l'effet. Il importe
peu alors qu'on soit déiste ou athée, monothéiste ou
panthéiste, spiritualiste ou matérialiste : la croyance *a
priori* est chez tous. »

Ceci nous amène à formuler nos propres conclusions.
Prenons d'abord la question religieuse par le côté pratique et dans le moment présent. Bien aveugles sont
les savants spéciaux qui par avance octroient aux foules
ignorantes le profit d'un état de penser supérieur ! Bien
coupables les cuistres et les révolutionnaires qui ont
rêvé d'une éducation publique où le sens supérieur de
l'existence n'aurait point de place ! La masse des hommes
n'est pas encore si éloignée de la croyance qu'on se le
figure parfois, et l'hostilité contre le clergé me semble
avoir engendré le plus souvent l'hostilité contre l'enseignement religieux. Le danger était l'exploitation de la
foi, et non la foi elle-même. On n'a pas mis en discussion, au Parlement, le rôle du *prêtre*, et cette question
sera pourtant, à mon avis, une des premières à résoudre
dans un avenir prochain. Il convient du moins de ne pas
exploiter les colères soulevées par la politique cléricale
au bénéfice de négations dangereuses et d'un scepticisme improductif. Des concessions faites de part et
d'autre adouciraient les heurts du passage si difficile
où nous sommes.

Certaines paroles que je viens de rapporter, dans la
bouche de professeurs bons chrétiens et de *clergymen*,
auront de quoi surprendre chez nous bien des lecteurs,
fidèles naïfs ou fanatiques de l'irréligion intransi-
geante. Logiquement les uns valent les autres. Ceux-là
ne voient pas que le monde marche à côté d'eux, et

ceux-ci veulent aller plus vite que leurs chevaux. Le
désacord de notre savoir avec nos croyances est un des
malheurs du siècle qui finit. Nous combattons ou patron-
nons des religions qu'il est également imprudent de
ruiner sans mesure et impossible d'accepter comme
elles sont. La contradiction est manifeste; elle ne pourrait que s'exagérer par la violence. Les violents brouil-
lent tout et ne fondent rien. Négliger les problèmes
sociaux n'est pas non-plus les résoudre. On ne détruit
pas une discipline morale sans la remplacer. Nous mé-
prisons volontiers, en France, les pratiques des nations
voisines et nous vantons d'avoir allégé notre marche.
Mais l'épreuve montre seule enfin, pour parler avec le
fabuliste, quelle charge il eût été préférable de porter,
les éponges, ou le sel.

« Le besoin, a dit le colonel Higginson, de ce haut
exercice de l'imagination (c'est la religion qu'il entend)
est démontré par les regrets unanimes de ceux qui, dans
leur dévotion à la science pure, sont les moins disposés
à le partager. Les peines que verserait sur le monde
l'éloignement de toute vie religieuse seraient peut-être
plus dures que ne le furent jamais celles de la superstition. » Ces mots valent qu'on les médite. Non pas,
certes, que le remède consiste à s'affranchir de la religion de son pays pour adopter celle du voisin, et le
Révérend G. Bonet-Maury, de Paris, espère en vain la
conversion de la France au protestantisme. Autant vau-
drait, écrivait un jour le général Trumbull, offrir au
prisonnier qu'on a tiré de son cachot de l'enfermer dans
un autre. Non, les religions dogmatiques d'autrefois ne
nous conviennent plus ; l'heure est passée pour elles
d'entrer dans le tissu de notre vie mentale. Et n'est-ce
pas cela même que le Parlement des religions a démon-

tr̄ë avec évidence? Le seul fait d'en accepter le programme n'équivalait-il pas, a très bien dit M. Paul
Carus, à invoquer la raison, la logique, la science, comme
la plus haute preuve de la vérité?

A la science reste donc le dernier mot; et la question
s'offre maintenant à nous sous le côté théorique. Mais
quel pourra être ici le rôle de la science, sinon d'éla-
borer des idées précises, capables de se substituer aux
dogmes des théologies anciennes? L'humanité, depuis
ses lointaines origines, s'est posé des questions qui ne
sont pas toutes factices, et auxquelles la philosophie a
charge de répondre, aussi souvent qu'elle ne prouvera
pas son droit de les écarter. Que les vérités qu'elle propose soient jamais l'exact équivalent des croyances
religieuses, on ne saurait l'exiger, et cela n'est pas
indispensable. La solution des problèmes est en raison
de leurs données positives, et de l'intelligence qu'on a
de ces données. Ceux qui accusent la science d'impuissance oublient d'abord que notre société n'est pas le
produit de l'esprit qui y a grandi. Il s'en faut que l'état
d'esprit scientifique ait passé dans nos cervelles, ni
qu'il dirige nos pratiques sociales. De cela justement
vient notre mal. Nous sommes conduits par des habitudes qui ne sont plus dans les cœurs et par des idées
qui ne sont plus dans les têtes. On ne remédiera point
à cet état par le recours aux croyances mortes ou aux
illusions du mysticisme. Il ne peut même suffire à
l'homme de ce vague « sentiment du divin » où plusieurs font tenir toute la religion. Un tel sentiment ne
représente jamais qu'une connaissance plus ou moins
confuse des choses. Et si l'on veut que la religion soit
ce qu'elle a toujours voulu être, une manière de comprendre le monde et la vie commune à une société

d'hommes et formant entre eux un lien moral, on doit
convenir aussi qu'une philosophie mieux instruite est
seule en état de nous la fournir.

C'est à la science qu'il appartient, en définitive, de
formuler les croyances de demain. La tâche n'est pas
impossible, et les premiers éléments en sont à notre
portée. Elle s'impose aux efforts de tous. Malheur à la
nation qui s'attardera dans une critique oiseuse et
négligera de fonder, sur des principes solides, un nouvel accord des volontés [1] !

(1) A signaler encore, dans le *Monist*, avril 1895, les deux articles suivants : 1° *The World's Parliament of Religions*, de
l'Hon. C. C. Bonney, président général des Congrès à l'exposition
de Chicago ; 2° *The World's Religions Parliament Extension*. —
Le même numéro annonce une édition définitive des actes du
Parlement, plus complète et plus correcte que celle que j'ai eue
entre les mains, confiée aux soins de M. le Dr J.-H. Barrows
(chez Hill et Shuman, successors to the Parliament Publ. Co.,
324, Dearborn Street, Chicago, Ill).

CHAPITRE PREMIER
LA QUESTION RELIGIEUSE

I

Faites tourner sous vos doigts la sphère terrestre. Évoquez devant vos yeux la figure des races qui en occupent les îles et les continents, et représentez-vous alors quelle étroite place y pourraient tenir, une fois groupés ensemble, les hommes capables de vivre hors de toute religion établie. Si l'on veut bien réfléchir ensuite que, dans cette infime minorité, un petit nombre d'individus sont parvenus encore à un état d'esprit véritablement scientifique, on sentira aussitôt le danger et la vanité des négations violentes qui ruinent tout et ne reconstruisent rien.

L'Islamisme gagne l'Afrique ; il couvre une partie de l'Asie, dont le Brahmanisme, le Bouddhisme, le Confucisme et d'autres cultes locaux tiennent le reste. Le Christianisme, sous les formes orthodoxe, catholique, protestante, garde sa puissance en Europe, aux États-Unis, dans l'Amérique du Sud et les terres du Pacifique. En vain allègue-t-on l'infériorité des masses bouddhistes ou musulmanes, réservant ainsi à quelques peuples de l'ancien et du nouveau continent, chez lesquels la religion chrétienne semble arrivée à son déclin, le bénéfice d'une émancipation prochaine. Ni ces derniers ne sont supérieurs autant qu'on l'imagine, ni leur émancipation n'offre souvent les caractères favorables qu'on suppose.

Parcourons les faubourgs de nos grandes villes, franchissons les barrières de Paris. Nous retrouverons là une espèce d'hommes sauvages qui se vautrent, dorment et mangent dans la boue ou la poussière, qui ont l'orgueil des haillons et de la malpropreté, jouissent à leur façon et n'obéissent qu'aux instincts de l'animal ; une vraie population de Peaux-Rouges, avec moins de discipline toutefois, car elle n'est plus une société, elle est le déchet du crime ou de la misère. Qu'importent à ces gens notre science, notre art, nos écoles ! Ils ne subissent d'autre autorité que la force brutale ; ils ne connaissent d'autre frein que la superstition et un vague respect pour certaines qualités qui les dépassent.

Et cette plèbe n'est pas toute confinée dans les taudis immondes de nos cités, elle se prolonge dans ce que nous nommons les hautes classes. Là, le vernis qui la dissimule ne saurait tromper l'observateur ; la mine a changé, le fond demeure le même. Il se rencontre des hommes, à tous les étages sociaux, dont leur bassesse morale ou leur infirmité d'esprit fait aussi des déclassés, des hommes que le vice acquis ou héréditaire élimine de leur aristocratie naturelle : variétés d'une même espèce, que distingue à peine le contraste extérieur de la misère avec la fortune.

Prenons maintenant dans leur ensemble nos classes rurales, les ouvriers de nos villes, la haute et moyenne bourgeoisie. Une partie est restée croyante et se refuse à une évolution mentale trop rapide. L'autre, plus nombreuse peut-être en France, vit en un état d'indifférence religieuse, ou du moins a cessé toute pratique ; mais elle a gardé le noyau de l'ancienne foi.. Il s'est opéré à la longue une sorte de triage entre les croyances, et la révolte de ceux-là mêmes qui affectent d'être irréligieux ne signifie pas absolument qu'ils en aient fait table rase. Quelques-uns, en moins grand nombre, les ont toutes rejetées : ils n'ont guère mis à la place qu'une philosophie de hasard, ou bien ils ont borné ou faussé la science, dont ils se réclament, et glissé parfois au scepticisme moral des décadences.

Le doute philosophique a sa grandeur. Mais il ne convient qu'à de rares esprits et n'offre pas une position où le commun des hommes puisse se tenir solidement. Nous gardons tous du sauvage, plus ou moins, l'imagination vive, que le désir abuse, et la crédulité robuste qui trouve toujours à quoi se prendre. La ruine lente des religions, dans les deux mondes, a pour contre-partie le réveil d'un mysticisme nouveau, qui prétend cette fois se fonder sur l'expérience ; les phénomènes d'hallucination, de suggestion, sont interprétés hâtivement par les uns en faveur du spiritisme, et recueillis par les autres en vue de restaurer des croyances favorites qu'on s'efforce de ressaisir à mesure qu'on les perd.

Les sectaires, là-dessus, ont bientôt fait d'accuser la sottise humaine ! Ils ne se demandent pas quelle raison profonde fait persister ainsi et se transformer les vieilles fois dans nos sociétés, alors qu'on les déclarait

mourantes. Il n'en est pas d'autre que le besoin ou le
regret des solutions que la religion offrait et que la
science ne nous donne pas encore. L'insuffisance de
nos propres systèmes laisse du champ aux plus vaines
rêveries. Il eût fallu poser autrement les anciens problèmes qu'on ne pouvait abolir : la masse des hommes
y cherche encore une réponse, et leurs négations mêmes
accusent plutôt la fatigue d'un inutile effort que le
changement vrai de leur état mental. On ne supprime
pas d'un coup certaines questions, fussent-elles purement factices. Il est dangereux d'intervenir violemment
dans l'ordre des sociétés aussi bien que dans l'économie de la nature.

L'entêtement du paysan à garder ses vieux modes de
culture a souvent raison contre l'imprudence des théoriciens ; la partie perdue se payerait de sa ruine. Il en
va de même dans les choses sociales ; les brusques
changements y auraient de pires effets que la haine des
nouveautés. A peine, d'ailleurs, sont-ils possibles ; le
troupeau dont on veut forcer la marche se débande ou
piétine, mais n'avance pas. L'homme ordinaire n'est
pas conservateur par paresse seulement, mais par pré-
vision et instinct ; il connaît d'avance ce qu'il perd et
ne démêle pas toujours exactement ce qu'il gagne. Sa
défiance, en tout cas, est justifiée, aussi longtemps
qu'on ne lui présente point un bien réel et supérieur
en compensation du plus petit bien qu'on lui retire.

Trop souvent les doctrinaires, les meneurs de partis,
vont à l'encontre et se jettent hors du gros bon sens de
l'espèce. Ils ne peuvent espérer alors d'être ses guides.
Tel politicien désabusé proclame l'injustice du monde,
l'horreur de la mêlée sociale, et ne laisse sourire
aucune illusion dans sa sombre doctrine. A l'affirma-

tion d'un imprudent matérialisme a succédé celle d'un
pessimisme à double face, qui nous conseille la jouis-
sance ou le désespoir. Quel ne serait pas le désastre final
si les peuples en masse couraient les chemins du même
pied que ces prophètes ! Les vrais penseurs et pasteurs
d'hommes réfléchissent en eux l'humanité et travaillent
avec elle. L'exemple est là des premiers maîtres de la
philosophie et surtout des grands fondateurs de religi-
gion. Leur mérite n'a pas été seulement en ce qu'ils
ont accompli d'eux-mêmes, mais en ce que les foules
ont créé sur la foi de leur parole.

Que seraient donc les religions, réduites aux sèches
formules de leurs livres ? Leur efficacité réelle a été
d'occuper les hommes, durant des siècles, à en illustrer
les fables et la doctrine par des monuments et des
peintures, par des poèmes et de la musique. Sur le
canevas de leurs légendes, le génie populaire a passé
mille fils aux riches couleurs et composé une merveilleuse broderie. Leur philosophie même, quelle
qu'en fût la valeur historique, n'était que le motif
d'imaginer un monde plus heureux et plus beau et de
reconstruire la vie sur un plan qui paraissait plus
logique.

Mais les religions qui meurent n'emportent pas avec
elles le besoin qui les créa et les fit vivre. Des croyances
positives se substitueront aux dogmes finissants, et déjà
la science nous permet des hypothèses autrement riches
que celles des mythologies. Comment supposer que la
fécondité créatrice et l'espoir en l'avenir manquent à
l'espèce humaine, à mesure qu'elle possède plus de
connaissances et de moyens d'action ? Il suffit de considérer le monde moderne en son ensemble pour y
reconnaître l'idéal présent partout, l'idéal réalisable,

et possible. Nos sociétés vieillies témoignent, par leur désordre même, d'un travail de reconstruction totale. Les idées ont germé qui transformeront le droit, l'économie et la politique, non pas toujours, il est vrai, dans le sens que des révolutionnaires pensent. Nulle part on ne se peut attarder à des restaurations précaires. Le retour pur et simple à la foi chrétienne, que nous recommandent d'illustres hommes d'État anglais [1], accuse leur impuissance plutôt que leur sagesse. Le problème religieux s'impose à l'heure présente ; il est de ceux qu'on ne réussit pas à tourner, mais qu'il faut attaquer avec franchise et d'abord exactement circonscrire.

II

Il est plus difficile qu'il ne semble à première vue de définir ce qui constitue vraiment, aujourd'hui, la religion. On a rangé sous ce nom des disciplines diverses qui se sont détachées depuis longtemps du faisceau primitif et ont poursuivi leur évolution indépendante. Un rapide coup d'œil jeté sur l'histoire nous donnera le sens de ce phénomène, qui est d'une extrême importance.

Aussi loin que nous remontions, parmi les peuples de l'antiquité ou dans les tribus sauvages, la religion se présente avec un double caractère : elle signifie un acte de l'intelligence et un état du sentiment ; elle est à la fois émotion et connaissance. Il ne faut pas que ce

____

(1) M. Gladstone et M. Arthur Balfour. Un livre de ce dernier, *The foundations of belief*, a été fort discuté (*les Bases de la croyance*, trad. par G. Art. Paris, Montgrédien).

mot de connaissance nous étonne, appliqué même à
des peuplades misérables dont la vie religieuse se
réduit à des croyances absurdes et à des pratiques de
sorcellerie. L'homme s'est posé, partout et toujours,
les mêmes questions sur le monde et sur lui-même, et
il a donné à ces questions des réponses à peu près
pareilles, qui révèlent un commun état psychologique
sous des formes enfantines ou bizarres. Les mythologies créées par les nations les plus dissemblables en
témoignent clairement, et l'étude patiente qu'on a faite
de leurs fables a mis hors de doute cette vérité[1]. Les
mythologies grossières enferment déjà une confuse
explication des faits de l'existence. Il n'est pas, à plus
forte raison, de religions supérieures où la pensée
intelligente n'ait achevé, comme elle pouvait, l'ordre
du monde; elles sont, au fond, une philosophie véritable, où s'inspire le sentiment de leurs croyants, et
sur laquelle ils règlent leur conduite.

Morale, science et métaphysique se confondent donc,
à l'origine, en toute mythologie, et chacune représente,
durant un temps plus ou moins long, la vie intellectuelle et sentimentale du peuple qui l'a produite. Une
conséquence naturelle de ce fait est que la religion
s'accroît à mesure que l'intelligence et la moralité se
développent, à ce point qu'elle absorbe enfin sous une
unique discipline la philosophie, le droit et la politique
même. Nous en avons l'exemple dans l'antique cité
hindoue, grecque et latine, et jusque dans l'Islamisme,
où l'on sait que tout est demeuré religieux.

A ce degré, cependant, un travail inverse de disso-

_____

(1) Voy. A. Lang, *Mythes, cultes et religions,* ouvrage trad. de
l'anglais par L. Marillier (Paris, F. Alcan, 1895).

ciation et d'analyse commence. L'esprit humain rompt
par endroits le cercle enchanté où l'enfermait son ignorance; il applique aux questions fondamentales, dont
sa curiosité n'est jamais lasse, des méthodes qui ne
relèvent plus de la théologie, et l'autorité religieuse,
chaque jour affaiblie, ne s'attache plus désormais qu'à
sauvegarder certains principes qu'elle juge nécessaires
à sa propre existence.

C'est ainsi, par exemple, que l'Église, parmi les
peuples chrétiens, continue à régler la conduite de la
vie, alors que l'établissement des doctrines lui échappe.
Aujourd'hui, les graves problèmes de l'évolution morale,
de la liberté, de l'obligation, de la sanction, se trouvent livrés aux recherches des philosophes ; beaucoup
de croyants acceptent même, en cette matière, un impossible départ de la science et de la foi. Mais la théorie
et les instruments de la morale ne sont pas les mêmes
dans toutes les religions. Les Bouddhistes, les Chrétiens, les Musulmans, professent des doctrines assez
disparates à l'égard du libre arbitre, de l'action divine
et de la vie future, en sorte que nulle solution particulière n'apparaît vraiment essentielle à la vie religieuse,
en dehors de l'Église qui l'impose. La religion, en tant
que moyen de connaissance, a fini son rôle, et les
dogmes que les diverses théologies surajoutent au
savoir positif ne sauraient plus avoir d'effet sur le travail général de la pensée.

Si l'on veut bien examiner, d'autre part, l'émotion
religieuse, on reconnaîtra aussitôt qu'elle est complexe, qu'elle est faite de crainte, de pitié, d'admira-
tion, de curiosité intelligente. Elle est autre selon les
individus et le degré de culture. Quels traits distinctifs n'offre-t-elle pas dans un François d'Assise et un

Vincent de Paul, dans un Kepler, un Pascal et un Leibniz? Le sentiment même du divin, où quelques-uns
font tenir toute la religion, n'est jamais si spontané
qu'il ne dépende à la fois de nos passions et des qualités de notre esprit. L'émotion religieuse, en un mot,
est comme une efflorescence de notre *moi* sentant et
pensant. Elle prend la couleur de nos hypothèses ou
de nos rêves sur le train de l'univers. La religion, en
tant que sentiment, relève donc aussi de la connaissance que nous avons du monde; notre émotion religieuse est liée à notre mentalité.

Différentes l'une de l'autre par leur sentiment du divin
et par leur philosophie, les trois grandes religions qui
se partagent l'empire des âmes offrent néanmoins de
frappantes similitudes et se rejoignent en deux idées
directrices, auxquelles il semble que tout l'effort religieux de l'humanité ait abouti. On dégagera sans peine
du chaos théologique ces deux idées, qu'elles embrouil-
lent ou laissent indécises, mais où elles puisent leur
efficacité réelle. Nos négations irréfléchies ne les enta-
meraient pas sans un grave préjudice pour la civilisation moderne.

III

Dieu et l'âme, tels sont les pivots de la doctrine chrétienne et islamique. L'Hindouisme refuse ces notions
qu'il juge trop simples : le Dieu personnel des Chrétiens
et des Musulmans se résorbe, pour les Brahmanistes
et les Bouddhistes, dans la vie infinie de la nature, et
les êtres individuels leur apparaissent comme des limi-
tations passagères dans la série des existences. Ces

hautes doctrines peuvent bien sembler contradictoires ;
elles ont pourtant mèmes principes. Ce qui en forme
toujours le fond, c'est, au point de vue purement théorique, l'idée d'évolution et d'ordre ; au point de vue
pratique, l'idée de sanction et de justice. Elles arrivent
ainsi à formuler, d'une manière plus ou moins précise,
une loi générale de la cause et de l'effet, dont le jeu de
la conduite humaine représente un cas particulier. Les
procédés d'opération varient seuls avec les théologies.
Les Hindous ont cherché dans la transmigration des
âmes, les Chinois dans la perpétuité de la famille, la
sanction morale que les Sémites et les Chrétiens assurent avec le partage des élus et des réprouvés.

Toutes les religions présentent donc une vue de l'univers qui comporterait le règne de la justice ; elles visent
à l'achèvement du monde moral par le moyen d'une
métaphysique. Il est advenu que cette métaphysique a
grossi et s'est compliquée jusqu'à engendrer un ensemble de dogmes qui ont fini par absorber la religion
première, en masquant parfois l'idée qu'ils devaient
servir. Si essentiel que puisse être au Christianisme,
par exemple, le dogme de la Rédemption, ce dogme n'en
demeure pas moins, si j'ose dire, un des instruments
de la justice divine, et les croyants des autres religions
s'uniront avec les Chrétiens dans leur foi en l'ordre
moral du monde, alors qu'ils refuseront d'accepter ce
moyen spécial de leur théologie.

Ce qui importe, en définitive, ce n'est pas la figure
particulière sous laquelle le Bouddhiste, le Chrétien, le
Musulman, conçoivent Dieu et l'âme, la nature et
l'esprit, la liberté et la grâce, l'absolu et le contingent,
mais la quantité d'induction positive qui a pris corps
dans leurs symboles. Cela seulement vaut qu'on le

dégage des subtilités qui l'obscurcissent. Une vérité ne nous doit pas être suspecte parce qu'on la trouve confondue avec l'erreur. Il ne se peut pas que les hommes n'aient rien mis de leur commune expérience dans les doctrines les plus artificielles, quand elles ont réglé la conduite de la vie durant des siècles.

Quelques faits justes survivent à chaque théorie scientifique qu'on abandonne ; ils entrent bientôt dans une nouvelle construction, qui a chance d'être plus solide. Il en va de même avec les religions, tellement mêlées de sagesse et de chimères. L'avenir n'appartient pas à ces synthèses factices auxquelles le génie humain, pour un temps, s'est arrêté ; elles ne peuvent durer que dans leur héritage, par les quelques vérités qu'elles auront pressenties. Une même foi en la justice respire d'ailleurs dans les belles œuvres littéraires de l'antiquité et des âges nouveaux, et il s'y perpétue une philosophie du monde dont nous n'avons pas le droit de dire qu'elle est un simple contresens.

Cependant l'établissement solide d'une pensée traditionnelle exige le plus sérieux travail critique[1]. Nous ne pouvons pas nous en désintéresser. Tout respectueux que nous soyons des disciplines existantes, il nous paraît que la sauvegarde de vérités nécessaires a plus d'importance pour les sociétés modernes que le maintien nominal d'aucun dogmatisme. Il est des ruines qu'on ne peut garantir des injures du temps. L'humanité ne restera pas sans guide pour cela. Ce que

(1) Je rappelle ici l'ouvrage bien connu de M. Guyau, *l'Irréligion de l'avenir* (Paris, F. Alcan, 1887). — Je dois mentionner également deux ouvrages récents de M. J. Strada, parus à la même librairie, *Jésus et l'Ère de la science* (1896) ; *la Religion de la science et de l'esprit pur* (1897).

les religions faisaient, la philosophie mieux instruite
doit le faire. Il nous faut retrouver des principes direc-
teurs et produire un sentiment nouveau sur le terrain
de la connaissance positive. Le résultat de la science
ne sera pas de fermer notre horizon, mais de l'agran-
dir ; il ne sera pas de borner notre activité, mais de
l'étendre.

CHAPITRE II

LA JUSTICE MÉCANIQUE DANS LA NATURE

I

Les découvertes modernes ont élargi singulièrement
la vue de l'univers qui suffisait aux religions anciennes
et suffit même aux religions vivantes, que leur origine
rattache à un lointain passé.

L'idée d'un ordre universel, je veux dire l'assurance
que les mêmes causes engendrent les mêmes effets,
n'est certes pas une idée primitive. Elle ne pouvait avoir
non plus la portée que nous lui donnons, aussi longtemps qu'on admit l'intervention possible de causes
occultes dans l'enchaînement régulier des causes naturelles. Déjà, pourtant, nous lisons dans les vieux livres
que le monde a été créé en nombre, poids et mesure,
et cette expression remarquable témoigne au moins,
quel que fût le sens exactement attaché à ces mots,
d'une induction très générale. Il n'est pas aujourd'hui
un homme d'intelligence, parmi les croyants d'aucune
foi, qui n'accepte les résultats positifs du savoir en ce
qui concerne le monde physique et les phénomènes de
la vie; et ne reconnaisse même les relations étroites de
la physiologie avec les événements de l'âme. Les
réserves que l'on peut faire sur l'essence de l'âme et

sur l'action régulatrice de Dieu n'empêchent pas de prolonger jusque dans l'histoire des sociétés humaines l'empire des grands principes de la nature.

Il n'est pas besoin de les rappeler ici, et le moment n'est point venu encore d'exposer les larges hypothèses qui semblent permises sur la condition de l'homme. dans l'économie de l'univers. La pensée commune à toutes les religions supérieures, et la seule qu'il nous importe maintenant de pénétrer, est que l'ordre que nous voyons dans le monde comporte le règne de la justice, ce règne ne pût-il s'achever que dans une vie ultérieure, et dussions-nous recourir, pour le vérifier dans la vie présente, à une doctrine obscure de l'épreuve ou de l'expiation.

Il nous faut d'ailleurs écarter ces ressources de la théologie et aborder franchement les difficultés que soulève cette conception d'une justice immanente à l'ordre de la nature, sous quelque image qu'on se représente le gouvernement de l'univers.

Tant que, nous plaçant au point de vue de la connaissance pure, nous regardons les choses comme hors de nous et les sociétés humaines comme un simple morceau du tableau du monde, l'idée de régularité qui s'impose à elle satisfait notre raison. Il nous paraît légitime et il nous suffit de supposer l'ordre dans les événements mêmes où nous ne parvenons pas à dégager clairement les relations qui les expliquent. Aux yeux du médecin et de l'économiste, l'hérédité qui répète dans l'enfant la maladie du père ou de la mère, l'aggravation de l'impôt à la suite d'une guerre désastreuse, sont des accidents aussi explicables, et partant aussi indifférents, que l'est pour le géologue le glissement d'une roche sur un lit d'argile que les pluies ont détrempé.

Mais aussitôt que, nous plaçant nous-mêmes dans le monde, nous le considérons d'un autre point de vue, en qualité d'êtres moraux qui sentent et souffrent, un nouvel élément s'introduit dans nos déductions. Le monde cesse d'être un spectacle étranger, pour ainsi dire, à notre personnalité ; nous y devenons acteurs et sommes pris dans les destinées inéluctables de l'espèce. La signification des faits change dès lors ; notre sensibilité intervient dans la connaissance que nous avons des choses, nous les jugeons avec nos sentiments autant qu'avec notre raison, et d'après les idées qui se forment en nous par l'expérience agréable ou douloureuse de la vie.

Il convient donc d'envisager l'homme dans ses rapports avec ses semblables et de le remettre en son milieu. Notre révolte contre l'ordre qui nous blesse, alors même que nous le comprenons, est un fait qui a sa place dans l'univers et sa valeur dans notre raisonnement. Il nous est loisible de l'étudier encore à la façon d'un phénomène extérieur, comme nous mesurerions, en quelque sorte, la tension d'une vapeur ou la pression de l'eau sur la paroi d'un vase.

II

Chacun de nous possède une certaine quantité d'énergie vitale, qu'il peut employer à diverses fins et en inégale mesure ; s'il la dépense inutilement, il subit une perte qui ne se répare point, et, quand il excède la limite de ses forces, il en pâtit jusqu'à la mort de son organisme. Il possède de même un fonds moral, un capital de puissances actives qui orientent sa volonté

dans un sens défini et lui imposent des bornes aussi
étroites : il se heurte, aussitôt qu'il les franchit, à la
résistance du milieu social. Leur constitution mentale
interdit même à la plupart des individus, tels que l'existence commune les a façonnés, des oscillations extrêmes
hors d'une zone moyenne qui représente les tendances
et les idées de leur groupe naturel.

Le groupe, à son tour, se comporte à la manière de
l'individu. Il s'épuise à gaspiller ses forces, ou, quand
il les emploie mal, il fausse le fonctionnement de ses
organes. Il ne le peut faire, d'ailleurs, sans que les
puissances collectives qui l'avoisinent n'interviennent
et ne le répriment. Ainsi l'existence sociale se résout,
comme l'existence physique, en actions et réactions, et
l'expression brute de ces faits serait celle d'un équilibre mobile entre des systèmes contigus.

Si, rétablissant maintenant, pour parler encore à la
manière des physiciens, tous les contacts naturels entre
les éléments sociaux dont nous avions isolé ou simplifié le jeu, nous parvenons à l'idée de la collectivité
humaine, le vrai tableau de l'histoire nous apparaîtra.
Nous verrons la loi d'action et de réaction élargir son
onde jusqu'aux limites d'un système qu'on pourra figurer par l'habitat terrestre ; les transformations d'énergie vitale et morale n'y finiront pas à un moment arbitrairement choisi : elles engendreront une longue suite
d'effets, qui, pour échapper à toute mesure précise,
n'en seront pas moins réels.

C'est ici, dans le monde social, la même connexion
ou interdépendance des phénomènes que l'on découvre
dans le monde physique. Les hommes restent soli-
daires, quoi qu'ils fassent. Il n'est pas de vertu privée
qui ne profite à la société ; il n'est pas de vice dont elle

ne souffre. L'effet d'un acte nuisible ne s'épuise pas
sur l'individu, mais il retentit sur de nombreuses générations d'hommes. Toute richesse produite ou détruite
s'ajoute ou se retranche à la part de chacun, fût-ce dans
la proportion d'un grain de blé. Nulle action particulière qui soit indifférente, sans racines dans le passé
ni effets dans l'avenir; nulle action collective qui n'ait
des conséquences certaines pour un groupe défini ou
pour l'ensemble des êtres vivants.

Cependant les forces sociales dont nous constatons
l'équilibre et la dépendance forment aussi des combinaisons toujours nouvelles. De même que les compo-
sés chimiques propres à la vie sont d'une instabilité
extrême, de même les groupes humains sont en variation perpétuelle [1], et c'est pourquoi ils se modifient,
croissent et meurent. Les effets, en se continuant, ne
laissent pas le système qu'on envisage au point de
l'action initiale. Les énergies morales sont susceptibles
d'augmentation et de diminution; les sociétés, de

---

(1) Je laisse de côté toute discussion de fond sur la variation
l'évolution, etc. — La grande difficulté, c'est d'expliquer, selon
le point de vue, soit comment il se produit dans le monde
quelque chose de nouveau, soit comment des conditions même
relativement constantes s'y retrouvent. — L'hypothèse d'un
arrangement du monde qui serait *préconçu* en ses détails et nécessaire, échappe à nos prises. Nos *hypothèses rationnelles* ne
sont, si l'on veut, que des formules qui nous servent à retenir
le plus grand nombre de faits possible. Elles ont pourtant chance
de répondre à une réalité objective (nos *lois empiriques* y répon-
dent certainement), et le langage du réalisme naïf est ici justifié.
Il me paraît contradictoire de dire que l'esprit humain, construit
comme il est, réussirait encore à mettre de l'ordre dans un
monde même qui serait *désordonné* : ni le monde ne serait
vraiment désordonné dès qu'il y aurait un ordre possible pour
l'esprit, ni l'esprit ne serait construit comme il est dans un univers différent du nôtre.

progrès et de décadence. Le retentissement des actions individuelles ou collectives améliore ou détériore le groupe social entier. Une meilleure adaptation de l'organisme à des nécessités constantes est un fait de la vie morale aussi bien que de la vie physiologique. La morphologie des sociétés se modifie comme celle des machines animales, et la notion d'évolution, qui nous donne l'intelligence du monde vivant, n'est pas moins indispensable dans l'histoire humaine.

Cette étude d'ensemble nous révèle donc des relations rigoureuses et abstraites, où l'on peut voir une nouvelle forme des principes de la nature. Elles sont permanentes et s'appliquent dans tous les systèmes possibles de société. Telles les lois astronomiques ont un degré de généralité qui ne les laisse pas dépendre de la masse ou des distances des corps célestes. Les lois morales, en ce sens, gouvernent la vie aussi étroitement que les lois de la physique et de la chimie gouvernent le monde matériel : elles signifient en un mot, dans les choses humaines, la même causalité et le même ordre que la science reconnaît dans l'univers.

III

Mais tous ces faits prennent dans notre conscience, dès que nous les rapportons aux sentiments humains, une signification différente. Où le physicien parle d'action et de réaction, d'interdépendance et d'évolution, le moraliste voit peine ou dommage, solidarité, perfectionnement ; l'idée d'équivalence ou de mesure se traduit, dans sa langue, en idée de justice, et cette idée signifie une relation des effets avec leurs causes qui ne se réalise pas nécessairement dans la nature. C'est là le problème : il convient de lui donner une forme plus précise.

Si nous considérons, d'une part, les ensembles sociaux, nous voyons les générations nouvelles passibles des fautes de leurs devancières, les peuples victimes des erreurs de leurs gouvernants. Nous observons que des actions qui sont interdites dans un groupe social deviennent permises envers l'étranger, et peuvent alors, pour un temps, être profitables. Il nous est permis d'ailleurs de supposer que les succès obtenus au mépris du droit commun et du sentiment général des consciences sont éphémères ; l'avantage visible, si l'on pouvait faire la balance exacte en ces matières, se trouverait compensé à la fin par des désavantages restés inaperçus. En morale, aussi bien qu'en économie politique, il faut distinguer entre les choses qu'on voit et celles qu'on ne voit pas. Fatalement, et sous quelque forme que ce soit, les conséquences arrivent ; la connexion étroite des phénomènes historiques laisse à peine le moyen de les calculer, mais elle les rend inévitables. Les conflits qui naissent dans l'évolution des sociétés aboutissent toujours, nous le montrerons plus loin, à la réforme des sentiments sociaux et des appareils de la civilisation, dans le sens d'un accord avec les tendances organiques des êtres humains et avec leur idée logique de justice. Il serait absurde d'imaginer que la conscience humaine aurait des règles que l'épreuve de la vie infirmerait, et la morale élémentaire, sortie d'une longue expérience, reste essentielle à la vie des nations, si diversement que se déploie leur activité. Mais elle souffre au moins d'apparents démentis. Les suites qui se manifestent dans l'histoire sont

pour nous cruelles ou injustes ; le progrès même s'y
accomplit par des catastrophes, et l'avenir se construit
sur les ruines du passé.

Si, d'autre part, nous considérons les individus, nous
les trouvons exposés à subir les effets du vice d'autrui.
La solidarité des générations humaines comporte
des incidences qui épargnent le coupable et atteignent
l'innocent. Un malfaiteur échappe à la peine de ses
actes, quand la pratique des plus nobles vertus n'assure pas l'homme juste contre l'infortune.

La constitution matérielle et mentale de chacun de
nous est le résultat de deux puissances, l'une biologique, l'autre sociale. La première s'exerce par les
moyens de l'hérédité et de la croissance ; la seconde
réside dans l'action éducative du groupe familial et
politique. Or, le jeu de ces facteurs est continuellement
troublé. Notre organisme est sujet à mille accidents qui
en altèrent les fonctions normales. Nos sociétés sont le
lieu par excellence de ces croisements de séries à
l'infini, où nous voyons le hasard [1]. Non seulement
l'hérédité transmet aux fils les vices de leurs parents ;
mais encore des accidents congénitaux peuvent faire
naître un enfant déséquilibré dans une famille saine.
La roue de la fortune élève ou abaisse certains hommes

(1) Cette expression est conforme aux idées de Cournot. —
Le lecteur ne doit pas s'étonner de l'importance que j'attache
à la notion du hasard : elle intervient nécessairement dans
nos spéculations sur l'arrangement de l'univers. — « A raison de
sa complication supérieure, écrivait Aug. Comte, le monde politique doit être plus mal réglé que le monde astronomique, physique, chimique ou biologique. » Il invoquait avec raison cette
nécessité et le « sentiment des lois naturelles » pour inspirer
aux hommes ce qu'il appelait une « résignation rationnelle ». La
Sociologie, p. 35 (résumé par E. Rigolage. Paris, Alcan, 1897).

à un rang que ne leur assignait pas leur infirmité ou leur génie. Le capital physiologique et social d'un grand nombre d'individus se trouve ainsi augmenté ou diminué, dès l'origine, hors de toute proportion : ils abordent le combat de la vie avec les armes inégales que la destinée a mises en leurs mains. Partout se décèlent des irrégularités qui nous blessent, et, que nous regardions à l'ensemble ou au détail, les conditions de la justice logique, sur lesquelles se règle notre jugement du monde, nous paraissent sans cesse traversées par le caprice des choses.

Nous devons, il est vrai, envisager aussi l'aspect bienfaisant, si j'ose dire, des lois fatales de la nature, et considérer d'abord le bien de l'espèce, où viendrait se fondre le mal de l'individu. Leurs propres maux sont pour les hommes des avertissements qui leur servent à redresser leur conduite ; on ne conçoit même pas le perfectionnement moral ou social en dehors de la dure expérience. Cependant l'utilité qu'on nous montre dans la douleur n'apaise pas le cri du sentiment. L'homme se révolte contre la brutalité des choses ; il accuse le mal immérité, l'ignorance inévitable du vouloir et la condition de la souffrance, et notre sensibilité produit ainsi contre la justice du monde un argument qui semble détruire celui de la raison.

Les événements réels ne nous offrent, en somme, qu'à l'état de grossière ébauche l'idéal qui vit dans notre pensée, et, lorsque nous comparons les actions humaines avec leurs résultats, nous nous heurtons aussitôt à l'incidence comme indifférente des effets, où ne se retrouve pas la relation rigoureuse qu'exigerait notre logique. Ces effets, sans doute, témoignent toujours de la régularité de la nature ; mais elle n'est

jamais telle que nous n'ayons à la rectifier, et l'ordre
fatal du monde ne représente plus à nos, yeux qu'une
sorte de justice mécanique.

Cette idée d'une justice mécanique ne suffit pas
cependant. Les religions l'ont dépassée ; elles affirment
l'idée d'une justice morale. Nous allons la vérifier
aussi, en dégageant les raisons qui peuvent servir de
fondement à la vérité qu'elles abritent sous le manteau
de la révélation.

CHAPITRE III

LA JUSTICE MORALE DANS LA VIE

I

L'homme primitif accepte le mal inévitable et lutte seulement contre les nécessités qu'il peut conjurer. Vaincu, le héros barbare subit sa défaite ; mais il raille l'ennemi qui le torture et prend sur lui la dernière revanche du courage et du mépris : il espère en la peine du talion qui frappera un jour son vainqueur. Son attitude n'est plus la même devant la nécessité physique ; il ne maudit pas la force qu'il ne connaît point, et se résigne aux lois naturelles dont il n'accuse ni la cruauté ni l'injustice. C'est là une sorte de philosophie spontanée ; elle est commune au sauvage et à l'animal, et la distinction qu'elle enferme entre la puissance mécanique du monde et l'action des êtres qui sont nos semblables marque le commencement, pour ainsi dire, de l'observation humaine appliquée à l'ordre moral du monde.

Si nous franchissons les siècles pour venir à la période hellénique, nous trouverons que les mêmes sentiments ont marqué leur empreinte sur le caractère. Les tragiques, dans leurs fables, recourent encore, comme le faisait Homère, à l'action arbitraire des

Immortels ou à la fatalité, pour expliquer certaines
suites d'événements dont le lien leur échappe et en
figurer les causes mystérieuses ou inaperçues. Mais ils
s'efforcent toujours à accorder l'action divine avec
l'ordre immuable des choses, les caprices des divinités
avec les motifs habituels de la volonté humaine. Si obs-
curément que ce soit, ils distinguent entre la fatalité
ou l'invariabilité des lois du monde, que symbolise
le Destin supérieur à Zeus même, et la création des lois
sociales conformément à la nature de l'homme, dont
les dieux incarnent les désirs et font jouer les passions.

Nul homme ne saurait éviter sa destinée : telle
semble être la signification morale du récit légendaire
où Sophocle a puisé, si l'on me permet cette courte
digression, le sujet de son *OEdipe-Roi*. C'est là une
doctrine de fatalisme, à laquelle le poète substitue
cette autre, que nul n'échappe aux conséquences de
son caractère. La prédiction qui, dans la légende, est
l'origine de cette histoire, reste la donnée première ;
mais elle résume en quelque sorte, dans la tragédie, les
faits antérieurs à l'action qui s'y dénoue. Le poète y
introduit des motifs humains ; il invoque le crime ou
la coupable faiblesse des parents, la nature et la violence d'OEdipe, son hérédité enfin, car il nous peint
chez Laïus la même humeur orgueilleuse et colérique.
La part de la fatalité est réduite ainsi aux causes qui
demeurent inaccessibles. Les circonstances fortuites,
le hasard par exemple qui amène le père et le fils au
carrefour où se croisent leurs chemins, n'ont pas déterminé la réalisation de l'oracle ; elles ont permis seulement au héros de l'accomplir en vertu de son propre
caractère : il devient, par ses propres fautes, le com-
plice des événements où sa naissance l'engage.

« Nulle action qui n'ait des conséquences lointaines.
Celui qui se flatte de laisser sa faute derrière soi la retrouve devant soi. Le châtiment nous atteint pour des
crimes mêmes que nous n'avons pas voulus et pour les
défauts que nous tenons de nos ascendants. Chacun
de nous reste pris dans la chaîne des responsabilités
qui lie l'une à l'autre les générations humaines. » Telle
apparaît la pensée intime du poète, exprimée en notre
langue moderne. La suite de l'horrible aventure n'est-
elle pas là pour le démontrer? Les malheurs d'Œdipe
se continuent dans sa postérité ; le crime y engendrera
le crime. Un déterminisme général, celui des lois de la
vie, domine ici le déterminisme singulier où l'homme
garde sa part de spontanéité, de conscience. Pour qui
sait les comprendre, il se dégage des œuvres de ces
grands anciens une philosophie de la vie, qui est de se
soumettre aux lois universelles, mais de gouverner son
existence en vue de conformer à ces lois et la conduite
de l'homme et le gouvernement de la cité.

II

Cette sagesse de la vie s'obscurcit trop souvent dans
la littérature des peuples modernes. Les poètes débiles
n'abordent la question de la destinée que pour en exprimer l'angoisse ou la révolte; ils usent à se plaindre
la vigueur qui serait nécessaire pour lutter, et cherchent leur gloire où ils ne font voir que leur faiblesse.
Nous retrouvons néanmoins la sagesse antique chez
quelques écrivains qui furent des supérieurs ou des
naïfs, au sens favorable de ce mot [1], et leurs plus mo-

(1) Gœthe, par exemple, et La Fontaine.

destés ouvrages en gardent une impression de sérénité
qui les relève. Il suffit que l'être humain, si humble soit-
il, ait vécu en communion avec la nature, pour acquérir le sentiment de certaines vérités que nous masquent
les petites passions ou que défigure une subtile métaphysique.

L'homme souffre par la nature et par ses semblables.
Cependant il se sent capable d'intervenir dans les faits,
en se réglant sur les choses mêmes qui le dominent.
C'est par son désir d'un mieux futur et possible qu'il
juge surtout et accuse le mal présent.

En regard du monde matériel, notre bien et notre
mal ne sont que bien-être et mal-être physique ; ils
résultent, pour une partie, de notre savoir ou de notre
ignorance. En regard des sociétés humaines, nous les
ressentons plutôt comme bien et mal moral : nous
avons conscience de produire nous-mêmes les actions
dont nous supportons les conséquences et de les pouvoir modifier. Ce que nous appelons connaissance morale, dans les rapports sociaux, n'en est pas moins
l'analogue de notre connaissance pratique dans les rapports avec les choses, et c'est un spectacle frappant de
voir comment les individus et les peuples, quand ils
s'abandonnent et cessent d'intervenir avec intelligence
dans leurs destinées, deviennent le jouet des événements, pareils à cette poussière morte que chasse le
vent sur nos chemins.

L'expérience nous enseigne donc à ne pas maudire
vainement les nécessités physiques. Différents en ceci
de l'homme primitif, qui ne pouvait que les subir, la
science nous donne prise sur elles ; nous mettons la
main aux opérations les plus délicates de la vie. Cette
faculté même nous interdit d'ériger en puissances mal-

faisantes les lois de l'univers, que notre tâche est de
pénétrer pour les employer à notre usage. Si l'homme
dénonce, quand il souffre, la cruauté de la nature, il ne
voit d'ailleurs vraiment l'injustice que dans la société.
Sans cesse il corrige les appareils sociaux dont il reconnaît l'imperfection. Par mille tâtonnements, et au prix
des plus funestes erreurs, il poursuit un plus haut désir, sans lequel il se sentirait diminué : les annales humaines ne sont que ténèbres pour qui n'y projette pas
cette lumière.

Les révolutions mettent aux prises des intérêts, des
passions, mais aussi des droits. Elles ont leur raison ou
leur prétexte dans le désir de la justice et tendent constamment à réaliser ce qu'on pourrait appeler l'équation
logique du juste. Lorsque celles dont le principe était
légitime produisent à la fin des conséquences funestes,
ce mauvais résultat provient des erreurs où elles ver-
sent, et non de leur principe même ; il est dû à l'ignorance des conditions relatives de la société, ignorance
qui trahit le génie plus ou moins pratique de la race.
Les crises violentes, toujours excessives, n'ont jamais
pour cela le bénéfice des changements progressifs ; elles
établissent une balance factice entre des éléments sociaux dont l'équivalence est réclamée en théorie, mais
n'existe pas en fait.

III

Vainement les religions ont relégué dans un obscur
au-delà le règne du bien ; les hommes veulent le réaliser en cette vie, fût-ce par l'emploi des puissance des-
tructives, dont l'efficacité les trompe. Corriger la loi

d'action et de réaction d'après le type qui vit dans notre pensée, substituer à la justice mécanique du monde une justice plus juste pour l'être sentant et pensant que nous sommes devenus, voilà l'objet dernier, l'idéal qui fuit devant nous et qui nous est nécessaire. Il suscite les prodiges du dévouement, que n'explique point le seul appétit matériel. Les affamés de pain sont aussi les affamés de justice dont il est parlé dans l'Évangile.

L'homme a le désir et le besoin de réaliser l'ordre qu'il conçoit, alors même qu'il le nie dans l'économie de l'univers. Il s'y applique par la réforme incessante des législations, par l'accroissement du savoir et l'éducation du caractère. Nul progrès véritable qui ne s'appuie sur la moralité et la science. Dès les premiers siècles de l'histoire, le bon sens pratique nous a conduits par ce chemin ; on ne s'en écarte jamais sans en pâtir. Notre idéal humain semble être en antagonisme avec le monde. Il est cependant le fruit de notre organisation mentale, qui appartient elle-même au rythme profond des choses. La nature n'est ni juste ni morale, si nous la regardons comme hors de nous ; mais l'homme qui conçoit la justice et qui la fonde, il est pourtant, lui, dans la nature ! Les lois de son esprit sont comprises dans les lois du monde, et notre logique n'y peut soupçonner un désaccord. Il est donc permis, à défaut d'autre hypothèse, de parler d'une justice dans la vie, qui résulte de ces lois mêmes et s'effectue par une conformité croissante des organismes collectifs à l'ordre universel.

La nécessité douloureuse d'une telle évolution offusque certains esprits : ils s'interrogent sur le pourquoi du mal et de l'existence. Question première, affirment

les uns ; question factice, répliquent les autres. Les
religions, en tout cas, l'acceptent sans la résoudre, et
la science a permission de l'ignorer, puisque les faits
dont s'autorise ce pourquoi restent la condition de tous
les problèmes qu'elle aborde.

CHAPITRE IV

L'HOMME ET L'ÉVOLUTION MORALE

I

Cette vérité large, que toute action emporte des conséquences favorables ou défavorables, est aussi, objectera-t-on, une vérité banale ; il n'est pas besoin qu'on la démontre. Mais quelle sorte de rapport établir entre les suites de l'action et ce que l'on est convenu d'appeler sa valeur morale ? Voilà le point du litige, car si la conduite qui réussit n'est pas nécessairement la « bonne conduite », on ne voit plus ce que justice et morale veulent dire : notre confiance en l'ordre du monde s'évanouit avec le mensonge religieux qui la soutenait.

La difficulté n'est pas si grande. Elle porte sur la méconnaissance habituelle du caractère évolutif de la morale, comme de l'analogie qu'elle présente avec la science. On confond le sentiment qui oblige les hommes avec l'objet de cette obligation ; et dès lors on ne comprend plus ni les doutes et les fluctuations de la conscience ni la portée de la notion du bien. On veut cette notion immuable et absolue, on la fait pauvre et stérile,

Le sentiment de l'obligation garde sa force, dès qu'il existe : il forme avec le devoir un groupe de faits indissoluble ; mais l'objet du devoir change. Il nous faut donc élargir la doctrine ordinaire et cesser d'attribuer à l'indice moral un sens mystérieux. Quel antagonisme existerait entre l'expérience et la morale, que cette dernière soit acquise ou révélée ? Ceux qui affirment que les principes de la moralité sont une connaissance immédiate, ne sauraient imaginer pourtant qu'elle ne trouve dans les faits aucun soutien. Encore moins le peut-on dans l'hypothèse contraire ; il n'est plus permis alors de supposer que l'expérience contredise les notions mêmes qu'elle a fait naître, et l'épreuve de la vie doit vérifier, d'une manière générale, les sentiments qu'elle a implantés ou consolidés au cœur de l'homme.

La morale, pour l'individu, consiste en un ensemble d'obligations précises. Pour l'espèce, elle est la leçon toujours vivante de l'expérience ; elle exprime l'effort à se conformer aux lois de la nature humaine aussi bien que de la nature extérieure.

Qu'est-ce que l'homme ? Esprit et corps, ange et bête, assurent les spiritualistes, mais si intimement associés qu'on ne peut les désunir. A peine essaye-t-on, aujourd'hui, d'expliquer la vie. A plus forte raison l'esprit échappe encore à nos recherches. Mais nous le voyons se développer par degrés dans la série des êtres, à mesure que leur construction matérielle devient plus délicate, et c'est là un fait dont l'évidence ne dépend pas des raisonnements qu'on peut faire sur l'évolution ou des moyens qu'on invoque pour s'en rendre compte. Dès l'origine de la vie, les mouvements réflexes nécessaires à l'existence de l'animal révèlent quelque chose d'analogue à ce que nous nommons sensibilité, discernement, mémoire [1]. Bientôt, dans les animaux moins imparfaits, les fonctions se divisent et s'augmentent, la mémoire s'amplifie, les besoins s'affinent, les états de conscience se précisent et s'ordonnent jusqu'à produire enfin, dans l'être humain, la volonté réfléchie, intelligente.

Mais le travail supérieur qui s'accomplit dans notre cerveau, nous ne le dirigeons pas absolument. L'organe cérébral a ses étais au plus profond de la machine vivante. Ni le *moi* n'épuise la somme de nos états physiologiques : mais la conscience que nous avons de nous-mêmes flotte, pour ainsi parler, à la surface de l'océan mental, et notre intelligence reste déterminée par le travail latent de nos centres nerveux ; ni la volonté ne connaît les secrètes impulsions qui la dirigent : elle garde ses attaches avec le tempérament et le caractère, tels que l'ont fait, en chacun de nous, les causes si variées et mêlées de l'hérédité, de l'éducation et du milieu.

Ainsi notre activité pratique a sa source dans notre physiologie même, dans nos penchants, nos désirs, nos appétits. Sur ce fond des tendances organiques s'épanouissent nos émotions supérieures. L'art et la science correspondent à un besoin primitif de beauté, de vérité, qui se décèle en l'infime état des tribus les plus grossières. Il le faut dire également de la sympathie et

(1) Je l'accorde à M. Fouillée, mais je n'accepte pas sa théorie sans réserves. M. Fouillée ne veut pas que la conscience soit un phénomène surajouté, un épiphénomène ; il assimile donc, en gros, les fonctions rudimentaires du protozoaire aux manifestations de la vie chez les animaux supérieurs, ou du moins il force l'analogie. L'essentiel est de rechercher comment les états plus avancés ont pu sortir des états inférieurs, en quoi ils s'y rattachent ou s'en distinguent.

du sentiment de la justice, et c'est pour ne l'avoir pas compris qu'on a faussé et raccourci la morale.

La règle de la vie ne se trouve pas dans le plaisir et la douleur : ils ne sont que la répercussion de nos besoins vitaux. Elle ne réside pas davantage dans l'utilité ; car le froid jugement ne représente pas tous nos motifs d'agir, et les émotions spontanées des êtres vivants sont une force que le calcul ne remplacera jamais. La vertu, le dévouement du soldat obscur ou du savant, le sacrifice au devoir professionnel, ne sont pas un plaisir, ni même toujours une utilité, au sens vulgaire. La peine qui accompagne certains actes n'empêche pas néanmoins de les accomplir, parce qu'ils satisfont à des émotions d'un ordre plus élevé, que la vie collective a formées dans nos consciences ou qu'elle a du moins marquées de son empreinte. Dès que l'on fonde la morale sur les vrais besoins de la nature, on restitue à l'homme toutes ses énergies ; on découvre que l'altruisme ne lui est pas moins nécessaire que l'égoïsme, que le sentiment de la justice est un appétit, en sa racine, comme la faim ou la soif, et que le raisonnement ne prouve rien qui n'ait dans la passion son origine.

Les enfants, je dirais aussi les animaux, ont le sentiment le plus vif de la justice ; ils montrent déjà les émotions qui sont les sources de notre activité morale. De là, l'identité si remarquable des sentiments moraux, qui se retrouve en tous les âges de l'humanité à travers les fluctuations du jugement. Les notions qui « obligent » sont comme un dépôt de l'expérience collective dans la conscience de l'individu ; mais cette expérience dépend d'abord des réactions spontanées communes à tous les êtres humains, et la riche florai-

son postérieure est sortie des lois les plus intimes de
l'organisation vivante.

II

Le mécanisme de la vie morale dans l'histoire
s'éclaire de ce point de vue. Les devoirs, d'une part,
signifient toujours des fins pratiques, relatives à la
personne, à la famille, à la cité. Ils affectent d'ailleurs,
selon le temps et le lieu, des formes particulières :
ainsi la perpétuité de la famille et la sainteté de la
sépulture ont fait l'objet de commandements légaux
que nous trouvons à la fois en action dans la tragédie
grecque et les épopées hindoues, dans les livres juifs
et les œuvres littéraires de la Chine. A l'âge moderne,
on voit naître des devoirs plus généraux, qui réclament
cependant des moyens définis d'exécution, liberté de
penser, tolérance du pouvoir : ils ne se rapportent
plus seulement au triomphe de la cité ou de la race ;
ils servent une foi religieuse distincte de la nationalité
ou visent même un objet social universel.

L'obligation, d'autre part, se lie d'une manière
étroite aux prescriptions légales et les consolide. Elle
se présente comme un ensemble d'émotions, de sentiments, organisés en vue d'un résultat positif. Les législateurs religieux l'ont appliquée même à des préceptes d'hygiène ; l'usage des ablutions constitue
encore un devoir, pour le Musulman, au même titre
que la prière.

Mais les formes qui varient enveloppent des idées qui
se fixent ; la morale se construit en l'âme humaine par
un travail continu d'assimilation et de déchet, qui

serait pour ainsi dire, dans la vie affective et mentale, l'analogue des phénomènes de nutrition dans la vie végétative.

Cela est vrai surtout des sociétés rudimentaires Dans les états sociaux un peu avancés, l'expérience s'embarrasse et les acquisitions sont aussi plus lentes ou plus chétives. Comment établir, entre les diverses conséquences des actions publiques ou privées, une comparaison qui permettrait d'en estimer, à chaque moment, le degré exact de bienfaisance ou de malfaisance ? Le bien et le mal, dans la pratique, restent relatifs à une organisation sociale préexistante, qui se modifie, à un milieu qui est différent, à des circonstances qui changent sans cesse.

Les premiers législateurs, il est vrai, dénoncent partout les mêmes crimes : le parricide, le meurtre, le vol et la fraude, la trahison, l'impiété. Ces crimes offensaient les émotions immédiates, pour ainsi dire, de tous les êtres humains ; on les réprima de bonne heure au nom de l'intérêt commun, de la pitié et de la raison. Mais les injonctions simples des codes primitifs ne suffisent pas à résoudre les questions nouvelles, qui naissent de relations plus étendues. Alors commencent les législations savantes. Si le développement en repose partout sur les assises de ce qu'on a appelé la morale universelle, le droit ancien ou nouveau ne se confond pas avec celle-ci ; des conditions très différentes, qui venaient à la fois du passé historique, du climat et du génie de chaque peuple, ont déterminé les structures législatives, à la fin si divergentes, que l'on rencontre chez les Hindous et les Chinois, chez les Grecs et les Romains, chez les Arabes et les nations modernes de l'Europe. Encore est-il que partout se montre la ten-

dance à critiquer les lois par des principes larges, qui
composent une sorte de code idéal, extérieur aux codes
existants. On n'ignore pas quels ravages a exercés,
avec l'école de Rousseau, cette conception mal définie
d'un' « droit naturel », dont les jurisconsultes romains
avaient usé avec une extrême prudence ; ces derniers
ne méconnurent jamais la légitimité des lois en vigueur
où ils respectaient la longue expérience, tout en s'effor-
çant de les conformer de plus près à la logique [1].

III

Dans cette lente formation du droit, on remarque
donc des principes qui demeurent ; et ces principes
sont d'abord ceux de la morale élémentaire : nous les
voyons consignés dans le Coran et le Sounnet, ces deux
sources mères du droit islamique, aussi bien que
dans les tables sacrées de Moïse et de Numa. Mais le
travail d'accroissement du droit ne s'arrête point ; il
existe toujours dans les sociétés, si l'on me permet
cette figure, une zone d'indétermination, enveloppant
leur noyau solide, qui est celle des faits discutés, des
conflits moraux non encore résolus.

Les révolutions politiques et économiques dont la
vie de chaque peuple est faite, sont des luttes pour des
intérêts, des privilèges. Les partis les défendent ou les
repoussent en invoquant des droits acquis ou la justice
d'un droit futur. Mais ce droit que l'on attend n'est
jamais qu'un autre symbole des émotions fondamen-

____

(1) Voy. Sumner Maine, *l'Ancien Droit*, trad. Courcelle-Seneuil,
p. 71 et s. (Paris, Guillaumin, Durand et Pedone-Lauriel, 1874).

tales ou acquises des êtres humains ; toute loi nouvelle, un arrangement raisonné pour les satisfaire. Telle, en Angleterre, la célèbre ligue de Manchester, fondée par Richard Cobden pour l'abolition de la taxe sur les céréales. Les orateurs évoquèrent l'image de la faim, ils en appelèrent à la pitié, pour obtenir du Parlement un vote favorable. L'aristocratie eut la sagesse de céder ; elle rétablit ensuite sa fortune par le travail, par les améliorations apportées aux terres, et la nation se trouva plus riche par l'abandon d'un monopole.

Il est des situations où l'homme se trouve placé entre des devoirs qu'il ne réussit pas à concilier ou qui sont parfois contradictoires. Ce sont là les conflits moraux, dont les poètes anciens ont offert de beaux exemples pour les temps primitifs et les cas simples. On les rencontre aux heures troublées de l'histoire, dans la Rome des guerres civiles, dans l'Angleterre des Stuarts et de Guillaume d'Orange, dans la France révolutionnaire. Nul n'ignore aussi par quelles luttes, souvent sanglantes, s'est accompli le développement économique qui a fait sortir de l'atelier domestique la corporation, et de celle-ci le régime actuel de l'entreprise capitaliste : évolution à laquelle paraît correspondre la transformation de l'esclavage en servage et le changement du serf en travailleur libre [1].

Les conflits moraux signifient donc toujours que les mutations sociales ne s'achèvent pas sans des ruines et des résistances. Si les sociétés vivent, en effet, sous la condition de la sympathie et de la justice, elles n'en donnent qu'une approximation grossière. Le règne de

---

(1) Voy. Gaston Richard, *le Socialisme et la science sociale* (Paris, F. Alcan, 1897).

l'équité arrive lentement ; des nécessités extérieures ou personnelles, font même que les rapports où était l'équité cessent plus tard de la réaliser et tombent en discrédit. L'obligation, alors, se déplace ; l'individu ne poursuit jamais des intérêts, ou particuliers ou collectifs, que sa personnalité morale tout entière n'y soit engagée. Il advient encore que le salut de l'État, que les besoins de l'organisme social, contrarient des sentiments profonds et nobles : on se débat en de cruelles .difficultés qui semblent s'accroître avec la civilisation et la démentir [1].

Les nations modernes s'orientent cependant vers un état peut-être irréalisable où les conflits moraux n'affecteraient plus les formes tragiques du passé : le droit se corrige ou s'augmente, la structure politique s'affermit, et il n'est pas interdit de penser que nos efforts aboutissent à produire, au cours des âges, une certaine organisation durable dans le flux continuel des événements.

(1) Pour l'étude des conflits moraux et des faits généraux de la morale, devoir, obligation, liberté, sanction, remords, je renvoie le lecteur à mon livre *la Morale dans le drame, l'épopée et le roman* (Paris, F. Alcan, 1889).

CHAPITRE V

LA SANCTION INDIVIDUELLE

I

Vérifier la justice, montrer qu'il appartient à l'homme de la créer, comment il le fait et quelles forces il y emploie, telle est la question qui nous occupe. Nous avons dû la considérer en son ampleur et ne pas séparer l'évolution morale de l'évolution sociale : elles se confondent l'une avec l'autre ; ou plutôt, de toutes parts, elles se pénètrent.

Nulle société n'est concevable, nul avancement ne serait possible, sans le mécanisme très simple de l'obligation morale qui enchaîne notre volonté à ce que nous sentons et jugeons être le devoir. C'est là le côté intérieur, l'aspect psychologique de la morale. Mais la création des devoirs eux-mêmes est affaire d'expérience : une expérience compliquée, laborieuse, dès que nous cherchons l'application des principes généraux aux cas particuliers et variables que la vie fait naître.

Cette création des devoirs est ce qui importe au bien des peuples et des individus ; elle équivaut au perfectionnement continu des relations par lesquelles ils subsistent. La vertu n'y suffit pas ; il y faut encore la qua-

lité de s'instruire par les faits. La science est une
obligation pour les sociétés, de quelque façon que le
travail intellectuel se distribue entre leurs membres.
Les données de l'expérience et du savoir aboutissent à
l'action ; elles deviennent ainsi des éléments de la conduite, elles sont les instruments du progrès même, et
cette considération, nous le verrons, prend une importance singulière quand on analyse les causes du succès des nations.

II

Arrêtons-nous un moment au problème de la sanction individuelle. On le rattache communément à celui
du libre arbitre. Que d'inutiles débats sur l'accord du
fatum de la nature avec la responsabilité humaine !
Je ne fatiguerai pas le lecteur à les reprendre. La philosophie s'y est toujours achoppée, et avec elle le droit
pénal. La question du libre vouloir me semble purement factice, car elle contient des termes incommen-
surables. Quoi qu'on ait pu dire, dans la pratique elle
s'élimine. Ceux qui revendiquent l'absolue liberté
n'osent omettre ni le tempérament ni l'éducation,
somme d'antécédents héréditaires et sociaux longue-
ment accumulés ; ceux qui proclament l'absolue nécessité n'échappent pas à l'illusion de s'estimer libres
dans le moment où ils délibèrent et agissent.

Les impulsions qui nous mènent, les motifs qui nous
décident, nous ne les produisons pas seuls, comme
d'un jet ; mais ils sont incorporés à notre personnalité,
leur contrainte vient de nous, non du dehors, et cette
remarque justifie à la fois cette illusion de la liberté,

qui est invincible, et la croyance au déterminisme universel, qui ne l'est pas moins.

Le perfectionnement social, et cela surtout importe, a pour résultat et pour moyen de former en nous des habitudes si puissantes, que nos énergies internes se trouvent dirigées vers un idéal intelligible et senti. Leur domination dans le caractère constitue la supériorité morale. Il est des hommes nécessairement volontaires, comme il en est de nécessairement bons ; la contradiction apparaît dans nos formules, mais non dans les choses.

La responsabilité, moins encore que le libre arbitre, a besoin qu'on la démontre. Nos théories ne sauraient nous rendre ni plus ou moins libres ni plus ou moins responsables. Notre dépendance est un fait, pratiquement. La pénalité brute est comme antérieure aux sociétés ; c'en est une condition naturelle et permanente : alors qu'elles s'efforcent d'atténuer ou de régler les conséquences de l'acte, il n'est pas en leur pouvoir de les écarter. Toute discussion sur le droit de punir, je ne dis pas sur la forme *sociale* de la peine, demeure ainsi vaine et se réduit à des querelles de mots. La discipline des faits enseigne celle de soi-même, qui seule nous affranchit. Notre liberté est garantie, en définitive, par les conditions mêmes qui la limitent, et la puissance de l'homme réside en cette nécessité où une philosophie incomplète a placé sa servitude.

La sanction y réside aussi ; j'entends la sanction toute morale, le trouble intérieur dont le remords est la forme saisissante. L'élément essentiel en est le sentiment douloureux d'une déchéance, d'une diminution du moi ; elle s'exerce d'une manière infaillible, parce qu'elle repose sur un large fonds d'émotions qui sont l'âme même. Notre raison n'est pas plus maîtresse de refuser une vérité de l'ordre moral qu'une vérité de l'ordre physique. Toute impulsion qui en détourne notre volonté a pour résultat une sorte de désordre fonctionnel, dont la souffrance nous fait mieux sentir le prix de la santé morale.

La loi, qu'on le remarque bien, n'a pas la puissance d'infliger le châtiment moral. Elle frappe le délinquant matériellement, dans sa liberté, dans sa fortune ; le reste ne dépend pas du juge qui applique la loi, mais du juge qui habite en chacun de nous, redresseur plus ou moins sévère selon ce que vaut l'individu. Pas davantage la loi ne répare le dommage ; le vice et le crime ne traversent jamais la vie sans y laisser leur ombre. Mais les hommes justes trouvent en eux-mêmes la joie véritable ; ils gagnent, en échange de ce qu'ils souffrent ou dédaignent, une force qui est presque sans mesure.

Des compensations plus exactes s'établissent par ce mécanisme délicat. Semblables à ces appareils qui décèlent les plus petites variations de température d'un corps, nous avons acquis, à l'égard du bien et du mal moral, une sensibilité extrême. La suprême garantie, réside vraiment en notre for intime, et la série d'événements qui le constitue apparaît enfin comme une transformation spéciale et dernière de l'énergie universelle.

III

Les dramaturges populaires recourent volontiers aux peines positives, qui frappent les yeux. Ils font s'exercer au théâtre un talion implacable. Toujours et partout les dénouements de leurs fables révèlent le même sentiment de justice, le même désir d'une équivalence entre les actes. Cependant l'équation de la justice barbare, le talion matériel de la loi humaine ou de la nature, aussi souvent qu'ils se réalisent, n'épuisent pas encore le châtiment. Les poètes qui parlaient aux foules en ont cherché l'instrument dernier dans la conscience. Les spectateurs exigeaient que le remords achevât la pénalité visible et tangible, à laquelle ils n'acceptaient pas d'ailleurs que les coupables pussent jamais se soustraire.

Se peut-il que leur désir ait trompé sur ce point l'observation des sages comme des simples ? Se peut-il que mentent les vieux dictons transmis d'âge en âge, qui nous montrent l'homme récoltant ce qu'il a semé, le mal frappant à la fin celui qui cherche le mal ? Quelques-uns affectent de le croire. Nous inclinons aujourd'hui à méconnaître les incidences matérielles qui atteignent le coupable. On feint de ne pas voir les cas si nombreux où la peine frappe juste ; on se plaît à mettre en relief l'insolence du crime heureux, sans dévoiler la misère qui se cache sous le bonheur apparent ; on en vient à nier la justice, parce qu'on n'en veut pas admettre les moyens. Nous perdons ainsi la notion des fatalités de la vie, le sens supérieur de l'existence ; et les uns poussent aux révolutions meurtrières, les autres tombent au dilettantisme du vice, au scepticisme moral, qui n'est jamais que l'indifférence au bien et au mal de nos semblables.

Cependant les lois de la vie s'exercent en dépit de nous ; car nous ne pouvons ni dépouiller les tendances organiques de l'être que nous sommes, ni nous dispenser d'agir de quelque façon, et la société en son ensemble, pour mal construite qu'elle est encore, tend constamment à rejeter qui lui nuit et à grandir qui la sert. L'intelligence sans la moralité n'assure pas le succès autant qu'on le dit. Les qualités solides du caractère arrivent à primer les plus brillantes facultés de l'esprit. Ces dernières pourront mériter à certains hommes des avantages considérables ; mais il adviendra que la balance, après un temps plus ou moins long, ne penchera plus en leur faveur, et l'événement alors vérifiera ce dire des anciens, que la suprême droiture est aussi la suprême habileté. Une intelligence qui ne mène pas à la pratique du bien est défectueuse. Que l'immoralité provienne d'impulsions perverses, d'une faiblesse de la volonté ou d'une erreur du jugement, elle signifie dans tous les cas une grave imperfection : cette tare accuse dans l'individu la pièce faible par où la machine périra, et peut faire aussi d'un génie prodigieux une force malfaisante dans l'humanité.

On accuse nos états sociaux de ne pas répondre aux exigences de notre logique. Je m'étonnerais plutôt que leur organisation si imparfaite comporte déjà une assez grande somme de justice distributive. Les problèmes dont ce siècle est tourmenté ne seront pas résolus dans la courte période de temps où certaines théories en font briller la promesse. Les ardents ne tiennent compte, ni du passé historique, ni des réalités politiques actuelles, ni de la durée que réclame l'accoutumance des hommes à une situation nouvelle ; ils négligent surtout les conditions générales qui dominent tous les cas particuliers. Mais ces considérations, auxquelles je reviendrai, nous amènent à détacher nos regards de l'individu pour examiner de plus près ce que j'appellerais des problèmes de masse, c'est-à-dire la sanction dans l'histoire et le progrès.

CHAPITRE VI

LA.SANCTION DANS L'HISTOIRE

I

Lorsqu'on étudie les causes de la grandeur et de la décadence d'un peuple, on remarque que ces causes se partagent et s'ordonnent sous quelques chefs principaux : la physiologie de la race[1] et le milieu, l'intelligence, la moralité, le caractère. Mais ni l'habitat ni l'intelligence même n'assurent seuls le succès d'une nation ; elle n'est vraiment puissante que par la sagesse et la fermeté dans la conduite. Les causes morales demeurent constamment prépondérantes ; elles sont l'exacte expression de la vigueur des peuples comme des individus.

Cette vue générale se vérifie par l'histoire de Rome,

(1) Je ne prends pas le mot *race* au sens anthropologique ; on sait que les races pures (quelque opinion qu'on ait sur leur nombre et sur l'ordre de leur apparition) se sont divisées, dispersées, mêlées, croisées en toutes proportions, en toutes directions, depuis des milliers de siècles. Ce mot ne peut donc avoir ici que son sens ethnographique ; c'est-à-dire que j'entends par race le type qui est devenu dominant sur un territoire donné, au cours des événements historiques, l'ensemble des caractères qui distinguent ce type d'autres types très voisins ou très éloignés. Toutefois, quand nous essayons de faire l'analyse d'un type ethnographique, force nous est de recourir d'abord à la considération des caractères physiques, physiologiques, etc., qui

dont la destinée fut si extraordinaire qu'elle fixe encore
l'attention des philosophes. On en jugerait mal, toutefois, si l'on négligeait de mettre en balance les qualités
du peuple romain avec celles des nations ennemies,
pour les estimer à leur valeur relative. Ces qualités se
ramènent, en quelque sorte, à l'hérédité de famille et
aux traditions de gouvernement. Elles baissèrent et se
perdirent par l'altération des institutions politiques,
qui marcha de pair avec l'avilissement des caractères.
La lutte des nations, on peut le voir en effet sur cet
exemple, engage la somme de leurs qualités respec-

servent précisément à la détermination des races propres : par
là, la notion de la race s'introduit de nouveau dans celle du type,
l'anthropologie dans l'ethnographie, et nous ne saurions, malgré
la difficulté de rien préciser en ces matières, refuser absolument de reconnaître qu'un type fort différent du type français
se rencontre en effet, par exemple, au point de frapper un observateur vulgaire, en Angleterre ou en Allemagne. Les différences
apparaissent plus profondes encore lorsqu'on arrive à considérer
les caractères psychologiques, et l'on est fondé par ailleurs à
présumer que ceux-ci correspondent de quelque façon aux traits
intimes de l'organisation vivante, toujours modifiables en une
certaine mesure. On alléguera, non sans raison, qu'une nation est un assemblage particulier de types, plutôt qu'elle ne
peut être figurée par un type unique. Mais il n'est guère douteux
que, dans chaque nation, un ou deux types parmi les autres
représentent la classe gouvernante, et qu'un élément ethnique
distinct a joué un rôle prépondérant dans la vie du groupe politique. C'est pourquoi j'applique le mot race à l'ensemble des
caractères d'un peuple, nommément ceux de la partie dirigeante
de ce peuple, et je parle constamment de qualités qui se transmettent par l'hérédité, l'éducation, et se détériorent ou s'amé-
liorent au cours de l'histoire. J'accepte du même coup, on le
voit, la supériorité générale — relative ou provisoire, si l'on
veut — de certaines races sur certaines autres. Les caractères
acquis des peuples actuels ont une valeur, une influence dans
le jeu des événements, que le philosophe aurait tort de négliger. Je pourrais donner plus d'étendue à ces considérations,
qui restent nécessairement trop vagues, trop superficielles. Elles
suffiront du moins au dessein de cet ouvrage.

tives, parmi lesquelles la droiture et l'énergie de la volonté ont une importance que les historiens ont souvent manqué de relever.

La bravoure des Gaulois ne réussit pas à compenser l'infériorité de leurs armes. Montesquieu fait observer « que ces peuples, que les Romains rencontrèrent dans presque tous les lieux et dans presque tous les temps, se laissèrent détruire les uns après les autres, sans jamais connaître, chercher, ni prévoir la cause de leurs malheurs ». Les Romains s'instruisaient, au contraire, par les victoires de leurs ennemis et regagnaient ainsi les avantages qu'on avait sur eux. Les querelles intestines de la Gaule facilitèrent la conquête de ce pays, et la faiblesse morale des Gaulois acheva la défaite que leur faiblesse intellectuelle avait préparée.

Si Carthage ne put disputer à Rome l'hégémonie du monde et fut à la fin ruinée complètement, c'est qu'elle était déjà corrompue quand Rome ne l'était pas encore, que l'intrigue y tenait la place du mérite et que les abus y gouvernaient plus que les lois. Le génie d'un Annibal ne réussit pas à rétablir les affaires d'un État compromis par des institutions défectueuses et par les vices incurables des personnes.

La Grèce périt à son tour, faute d'être unie en une communauté de sentiments, sans laquelle les vertus privées n'ont point de force ; elle périt par l'absence de haute pensée, qui marque l'appauvrissement de l'âme, et par l'abus de l'esprit, qui déguise mal l'étroitesse du cerveau. Les Grecs se réjouirent des succès des Romains contre Philippe, qui préparaient leur asservissement. Ni les têtes ni les cœurs n'étaient plus, dans Athènes ou dans Sparte, au niveau qu'il aurait fallu pour calculer la suite des événements et se défendre.

Il est vrai que, si nous jugeons l'ancienne Rome avec
nos idées modernes, nous dénoncerons l'astuce de sa
politique, la violence de son ambition, la rigueur de ses
procédés, et que son triomphe ne semblera pas au
moraliste avoir été une constante victoire du bien sur
le mal. Mais nous ne saurions nous en tenir, devant les
grands faits de l'histoire, au sens étroit de la morale
d'école, qui est surtout prohibitive ; nous devons en
élargir l'idée et la prendre comme une science générale de la vie, dont l'expérience, qui la corrige sans
cesse, montre seule la conformité aux conditions de la
nature. Il nous faut considérer les individus, à plus
forte raison les collectivités, dans leur plénitude d'action, pour apprécier avec justesse les causes de leur
succès ou de leur ruine. La supériorité d'un peuple se
révélera dès lors par l'ensemble de sa conduite ; elle se
manifestera à la fois par la vigueur physique, par les
aptitudes intellectuelles et par l'énergie de la volonté ;
elle apparaîtra dans les institutions qui procèdent de
ces qualités et servent à les entretenir, aussi bien que
dans la somme de justice qu'elles ont réalisée.

Rome, dans ses relations avec l'étranger, semble avoir
réussi, à première vue, par les habiletés de son injustice même. Ce n'est là, toutefois, qu'une apparence. Les
procédés qu'elle suivait au dehors étaient propres également aux nations qu'elle a soumises ; ses succès ne
s'expliquent point par l'absence de certaines qualités
morales, que ne montraient pas davantage, par exemple, ses rivaux les Carthaginois, mais par la présence
d'autres vertus qu'elle possédait au plus haut degré et
qui firent d'elle l'instrument de la civilisation durant
plusieurs siècles. Et si même elle dut son triomphe à
la constance et à la raison de son Sénat, qui, selon

l'expression de Bossuet, ne faisait rien par hasard, mais par conduite, les décisions de cette grave assemblée montrèrent souvent que l'équité entrait aussi dans l'habile règlement de ses conseils.

D'autre part, les injustices de Rome, on ne l'ignore pas, devinrent plus tard une des causes de ses malheurs et préparèrent sa chute. Elle fut détruite par ses propres conquêtes, et tomba dans l'assujétissement par l'abus de la domination. Si l'on songe aux changements apportés dans la politique de cet empire par sa grandeur même, par la disparition graduelle de la petite propriété et l'énorme disproportion des fortunes, à la dégradation de la race et au relâchement des mœurs qui résultaient de cette situation économique et empirèrent encore par le scepticisme des hautes classes ; si l'on réfléchit que Rome instruisit à la combattre les peuples qu'elle avait conquis et offrit la proie de ses richesses aux Barbares qui la devaient envahir; qu'enfin elle dut, après avoir vaincu tous les peuples, changer les maximes de gouvernement qui avaient fait sa force, et s'abîma faute de les savoir remplacer, on sera frappé de cette longue suite d'événements où reste visible la sanction des causalités naturelles, et l'on pourra méditer avec fruit cette belle page de Montesquieu, que justifie l'histoire de tous les peuples :

« Ce n'est pas la fortune qui domine le monde : on peut le demander aux Romains, qui eurent une suite continuelle de prospérités quand ils se gouvernèrent sur un certain plan, et une suite continuelle de revers lorsqu'ils se conduisirent sur un autre. Il y a des causes générales, soit morales, soit physiques, qui agissent dans chaque monarchie, l'élèvent, la maintiennent, ou la précipitent ; tous les accidents sont soumis à ces

causes ; et si le hasard d'une bataille, c'est-à-dire une
cause particulière, a ruiné un état, il y avait une cause
générale qui faisait que cet état devait périr par une
seule bataille. En un mot, l'allure principale entraîne
avec elle tous les accidents particuliers. »

II

Cette allure principale dont parle Montesquieu peut
se définir comme une supériorité d'ensemble, par rapport à un milieu historique déterminé. Et cette supériorité même, lorsque nous l'aurons réduite en ses
parties, nous laissera voir les causes morales pour les
plus essentielles, si divers et si nombreux que soient
les accidents qui auront influé sur la destinée d'une
nation. Les cruels mécomptes de notre pays assurent
cette vérité.

Je ne comparerai pas la France d'hier à la France
d'aujourd'hui et n'essayerai pas de résumer en quelques
lignes les causes qui lui ont valu la prépondérance dans
les siècles précédents et un subit abaissement dans le
nôtre. Si l'on en voulait faire une analyse complète, il
faudrait noter, comme on l'a fait en un ouvrage récent[1],
l'appauvrissement continu, exceptionnel, de la race, je
ne dirai pas par les aventures et par les guerres du
moyen âge et de la Renaissance, si éloignées de nous,
où la noblesse française fut décimée cependant plus

_____

(1) J'emprunte cette vue à M. Charles Mismer : on la trouvera
exposée avec ampleur dans la nouvelle édition de ses *Principes
sociologiques* (Paris, F. Alcan, 1898). — J'appelle l'attention sur
ce que l'auteur y dit des inégalités naturelles, du suffrage universel, de l'instruction publique.

qu'aucune autre ; mais surtout, aux temps nouveaux,
par les guerres de religion et par l'expulsion des protestants, qui retrancha de là masse héréditaire une
population choisie ; par l'émigration et la guillotine,
qui frappaient aussi les hautes têtes ; par les luttes sanglantes de la Révolution et de l'Empire, où, durant un
quart de siècle, la mort a fait des coupes sombres
dans la partie vigoureuse de ce peuple ; il faudrait
noter encore l'anarchie mentale qui a suivi la fail-
lite de la foi religieuse comme de la métaphysique
révolutionnaire, le scepticisme engendré par les décep-
tions d'une politique folle, l'instabilité des institutions
et notre impuissance à découvrir les règles d'un nouvel
ordre de choses. Rien n'est plus frappant que de mettre
en regard des générations d'hommes que la Révolution
avait reçues celles qu'elle a laissées : cette comparaison
est trop souvent en faveur de l'ordre ancien et con-
damne la violence des procédés qui ont diminué pour
nous le bénéfice de réformes nécessaires. Notre histoire
depuis ce jour montre que l'ancien régime, malgré ses
vices et toute réserve faite sur l'expression de ce jugement sommaire, léguait au moins une épargne de
forces vivantes, que les régimes nouveaux ont gas-
pillée avec fracas plutôt qu'ils ne l'ont accrue.

Mais notre objet n'est pas d'écrire cette histoire ;
il est seulement de faire voir les raisons immédiates
de nos défaites et de nos difficultés présentes. Mauvais
gouvernement, impéritie des chefs, aveuglement des
partis, n'étaient que les signes d'un mal plus général.
Et ce n'est point par la supériorité absolue de l'Allemagne que la France a été vaincue, mais surtout par
ses propres fautes, qui faisaient la grandeur relative
de son ennemie. Des causes morales expliquent assez

l'infirmité qui s'est révélée dans notre puissance, pour qu'il ne soit pas besoin de regarder davantage à l'accident.

On accuse l'Empire ; mais il faudrait dire les raisons qui avaient amené la nation française au point de le subir ou de l'accepter et qui condamnaient ce régime même aux vices par lesquels il a péri. On invoque l'insuffisance de nos forces militaires ; mais il faudrait avouer les motifs qui ont empêché de les accroître. On rejette nos malheurs sur l'incapacité des généraux et sur le désordre des administrations ; mais il faudrait expliquer pourquoi des chefs inhabiles se trou-vaient élevés au commandement et pourquoi la discipline s'était relâchée. On dénonce les rivalités mesquines, la trahison et les coupables faiblesses ; mais il faudrait rechercher comment elles ont été possibles et ont eu pour conséquence fatale de rendre inutiles tant de dévouements et d'héroïsmes. On allègue la résistance de Paris demeurée presque sans effets, les occasions manquées de vaincre ou de traiter en de meilleures conditions ; mais il faudrait déclarer enfin les causes qui ont amoindri ou traversé nos efforts suprêmes[1].

Le système d'aventures au dehors et de corruption au dedans pratiqué par le gouvernement impérial, l'abandon des projets de réforme militaire en 1866, l'absence d'ordre et de direction, les capitulations, l'impuissance à profiter, pendant la campagne, des avantages qu'on avait pu ressaisir, tout cela s'explique par l'origine incorrecte du second Empire, par le doute

____

(1) Combien d'enseignements dans les *Souvenirs* du général Trochu et dans ceux du duc de Persigny, publiés récemment !

des volontés et les haines de parti, résultat des mutations continuelles et hasardeuses de la politique, par
le défaut d'union de la France avec son gouvernement,
qui menait à perdre l'une pour renverser l'autre, par
l'habitude et le goût des guerres civiles qui allait aggra-
ver notre défaite. Et si nous pressons les faits, que
trouverons-nous toujours au fond, sinon des raisons
morales et l'inéluctable logique des événements? La
catastrophe dernière, dont nous avons à peine conjuré
les suites, était l'aboutissement des erreurs de tout un
siècle. Toutes les fautes commises étaient l'expression
d'une cause unique : le désarroi de la conscience
nationale.

A d'autres périodes de son histoire, pendant la
Fronde, par exemple, on a vu la noblesse travailler à
son profit personnel, à son « accroissement », comme
La Rochefoucauld le disait pour lui-même, sans égard
au bien de la nation et au respect de la royauté. Mais
ces luttes intestines, qui accusaient le déclin de la
féodalité, n'étaient pas particulières à la France seulement, et l'Europe entière subissait alors la même
transformation. La France avait d'ailleurs en réserve
de puissantes forces, qui s'affirmèrent par les œuvres
qu'elle a créées, et l'institution royale allait bientôt
produire tous ses effets, en attendant qu'elle pérît à
son tour pour ne s'être pas modifiée selon les besoins
des temps.

Et maintenant, nous voici derechef en présence d'un
inconnu redoutable, incertains sur la valeur de nos
institutions récentes, au maintien desquelles nous
devons pourtant appliquer nos forces, hésitants sur la
discipline morale qui assurerait parmi nous et servirait
dans le monde le règne d'une moins imparfaite justice.

Car le besoin de justice et le sentiment pratique des
liaisons sociales interviennent à chaque heure dans
les événements humains, quelle que soit leur forme et
quand bien même la richesse ou la domination paraisse
être le seul objet des peuples et des individus.

III

Quel sévère exemple offrent certains faits particuliers, tels que la révocation de l'édit de Nantes ! Le
parti qui entraîna le roi s'appuyait sans doute sur le
motif de l'unité de religion, alors défendable. Mais les
raisons qui avaient décidé François Ier et Richelieu à
réprimer les tendances politiques des protestants.
n'existaient plus en 1685, et cet acte odieux d'intolé-
rance a été condamné par la nullité des bénéfices qu'on
en avait attendus, aussi bien que par les suites funestes
qu'on n'avait pas calculées.

Cent ans plus tôt, l'Espagne de Philippe II s'était
appauvrie par la cruelle extermination des Maures ; les
injustices de son gouvernement lui firent perdre les
Pays-Bas, en épuisant du même coup le trésor public,
et son génie s'éteignit dans les férocités imbéciles de
l'Inquisition [1].

Je ne m'appesantirai pas à déplorer des événements
cruels et plus proches de nous, où éclate le conflit des
nécessités militaires avec l'affirmation d'un droit nouveau. Un peuple vaincu dénonce la violence d'un acte
où le peuple vainqueur ne voit que de bonne politique. A qui oserait braver le ridicule d'examiner les

---

(1) Voy. H. Forneron, *Histoire de Philippe II* (Paris, Plon, 1881).

faits sous leur aspect moral, l'iniquité apparaîtrait constamment déplorable et inféconde. Il faut pourtant tenir compte du moment et de la valeur réelle des groupes sociaux qui se trouvent en présence. Ici les diverses qualités de l'intelligence et du caractère ont une importance que l'idéologie sentimentale dissimule vainement. Les peuples ne doivent jamais être jugés que dans l'ensemble de leur action et, si j'ose dire, sur leur quantité disponible d'énergie. Faute de comprendre ainsi les choses, on bornerait singulièrement l'idée morale de l'histoire ; l'évolution qui s'y montre n'aurait plus de sens. Mais si l'on rétablit, comme la réalité l'exige, les diverses conditions de la vie et du progrès, on s'expliquera le succès de nations telles que l'Angleterre et les États-Unis, qui ont pu acquérir une si grande puissance par une politique souvent sans scrupules et malgré des vices énormes ; car elles possèdent aussi des vertus admirables qui leur assurent l'avantage sur des rivaux moins intelligents et moins actifs.

L'heure viendra, d'ailleurs, où les nations aujourd'hui prééminentes ne pourront durer qu'en s'ajustant elles-mêmes à un idéal supérieur. Tout engagés que nous sommes encore dans les pratiques des siècles barbares, nous portons sur les événements du monde des jugements que les hommes d'autrefois n'eussent pas compris, et qui témoignent d'une acquisition générale de l'espèce. En dépit des apparences contraires, nos sentiments s'épurent et l'objet de nos efforts s'agrandit.

On opposera peut-être, en considérant la destinée des empires, le dépérissement fatal des organismes collectifs. Une loi naturelle interdirait aux sociétés comme aux individus la résistance à la mort au delà d'une assez étroite limite. Ces phénomènes de croissance et de déclin nous laissent en présence d'une question nouvelle et complexe, celle du progrès. Elle est étroitement liée à la précédente.

CHAPITRE VII

I

Les sociétés humaines ont pu être comparées à des corps vivants ; elles ne sauraient leur être de tous points assimilées. Chaque génération nouvelle refait à un peuple une jeunesse ; il n'est pas de loi visible, ou de condition inéluctable, qui emporte la vieillesse d'un peuple comme les lois physiologiques emportent celle des individus. Et cependant l'histoire offre le spectacle de nations qui se forment, grandissent et disparaissent : elles continuent peut-être territorialement, mais socialement elles sont mortes, laissant la place à des organismes étrangers ; si important que soit leur legs, ou si vivante que reste leur tradition, les révolutions accomplies ne permettent plus de reconnaître le nouveau corps social pour le rejeton et le continuateur direct de celui qui a péri.

L'examen de cette difficulté nous amène à considérer la vieillesse et la mort d'une nation, soit dans les individus qui la composent, soit dans les institutions et les faits sociaux proprement dits. Pour les individus, on dénoncera leur déchéance physiologique, qui s'accuse par une moindre vigueur, par le défaut d'initiative et l'infécondité[1] ; leur déchéance morale et intellectuelle, toujours consécutive de celle-là, que trahissent les mauvaises mœurs, l'incapacité d'énergie et d'enthousiasme, l'abaissement des caractères, une production moins active et l'infériorité des œuvres de toute sorte. Pour les institutions, on notera l'oubli des grandes maximes de gouvernement, la faiblesse des lois qui cessent de convenir aux besoins du temps, la division extrême des partis, le déchet croissant du vice et de la misère, l'absence de principes de ralliement qui donnent à tout un peuple direction et solidité.

Alors, et quand de tels signes apparaissent, la matière humaine, d'une part, est devenue inférieure ; et de l'autre, la machine sociale ne continue à fonctionner qu'en vertu de la vitesse acquise, qui décroît sans cesse. La nation en décadence ne fournit plus les chefs dont elle a besoin ; pareille à ces animaux sur lesquels on pratique, dans nos laboratoires, l'ablation des hémisphères cérébraux, elle ne manifeste plus la vie, pour ainsi dire, que par des mouvements réflexes incoordonnés : et cette anarchie physiologique est la figure exacte de son anarchie morale.

Il n'est donc pas vain de compter, parmi les causes majeures de déchéance, les tueries affreuses des champs de bataille. La nation qui a perdu le plus grand nombre d'hommes se trouve placée du même coup dans une situation défavorable ; la gloire ne suffit pas à refaire

______

(1) Je ne fais pas d'exception privilégiée pour l'infécondité volontaire. A ce propos, et comme justification du jugement porté plus haut (p. 89), je rappellerai que la décroissance de la natalité française date du commencement de ce siècle ; situation fâcheuse qui n'est point compensée par l'augmentation des richesses, dont les économistes la font dépendre. Mais l'abaissement de notre natalité a d'autres causes encore.

la race, et les pertes subies, les millions de soldats qui
furent la rançon de la victoire, ne sont jamais com-
pensées, ou sont aggravées peut-être, par le genre
d'éducation des citoyens qui ont survécu. Lorsque la
France, après les longues guerres de la Révolution et
de l'Empire, a versé de nouveau un sang précieux dans
les expéditions d'Afrique, d'Italie, de Crimée et du
Mexique, elle s'est privée d'une élite dont l'Allemagne
a fait l'épargne durant un demi-siècle.

Si la guerre, passée à l'état de système, a de si
funestes conséquences, elle n'est pas du moins une condition fatale et permanente. Notre culture tend évidemment à la réduire, et nous ne sommes pas admis
non plus à tirer des phénomènes de l'évolution naturelle un argument en faveur de son efficacité ou de sa
nécessité. Il n'est pas vrai, biologiquement, que la
lutte pour l'habitat et les subsistances ait seule déterminé la transformation des espèces animales ; le combat de la vie, dont on a exagéré l'importance, a été
surtout une lutte dans laquelle l'individu, placé en des
situations nouvelles, a été son propre antagoniste et
s'est appliqué à vaincre la résistance de ses organes
pour les plier à de nouvelles fonctions[1].

(1) J'emprunte ces expressions au Dʳ Durand (de Gros). Voy.
ses *Questions anthropologiques et zoologiques*, extrait des Bulle-
tins de la Société d'anthropologie de Paris (Paris, F. Alcan.
1895). L'éminent auteur ajoute, page 183 : « Les mollusques qui
vivent en ce moment au fond des mers ne comptent sans doute
pas un moins grand nombre de générations derrière eux que
nos animaux les plus haut placés dans l'échelle du règne ; mais
ces générations se sont succédé sans accident, sans catastrophe ;
elles sont nées, ont vécu et sont mortes dans la paix et l'uni-
formité d'existence — et la race est restée emprisonnée jusqu'à
ce jour, depuis les premiers siècles, dans son moule rudimen-
taire. Mais les animaux supérieurs que nous observons en ce

La déchéance d'un peuple résulte d'autres causes
encore ; mais ce sont surtout des causes morales, qui
peuvent céder à une meilleure éducation, à une plus
forte discipline. Il est permis d'attendre que les nations
futures se régleront moins imparfaitement que les
nôtres sur les lois de la nature et réussiront à vivre en
un état d'équilibre moins instable. L'histoire ne verra
plus ces destructions violentes, dont la fin tragique des
empires de l'Amérique centrale, sous la dure main des
conquérants espagnols, a offert peut-être, dans les
temps modernes, le plus saisissant exemple; l'humanité désapprendra de marcher sur les ruines qu'elle a
faites. Les philosophes du siècle dernier, emportés par
une ardeur généreuse, avaient conçu prématurément
des espérances que les cruelles réalités de ce temps
semblent éloigner de nous, mais ne sauraient condamner d'une manière absolue.

La lutte des sociétés arrive à devenir plutôt économique et intellectuelle. Si la concurrence des peuples
comporte encore, sous cette forme même, des crises
redoutables, ces crises au moins demandent du temps,
elles obligent les nations à produire et non à détruire,
et changeront nécessairement leur mortel antagonisme
en une collaboration féconde. C'est assez, pour affermir

moment représentent des races qui ont conquis leur élévation
par une série d'innombrables épreuves toutes plus ou moins
douloureuses. » — Il convient de remarquer cependant que la
limitation du milieu, de l'habitat, ainsi que de la quantité possible des substances plastiques, ou substances propres au phénomène d'assimilation qui distingue les êtres vivants, engendre
nécessairement la concurrence vitale, ou lutte pour la vie. Mais
ce qu'il nous faut combattre, c'est l'extension au domaine moral
des nécessités de la vie biologique, sans tenir compte de la diffé-
rence des procédés. Voy. J. Novicow, *les Luttes entre sociétés
humaines* (Paris, F. Alcan, 1893).

notre confiance en un meilleur lendemain, que cette évolution se prépare sous nos yeux, de quelques souffrances qu'elle soit accompagnée.

II

Une telle évolution marque, sans nul doute, un véritable progrès. Autre est la question du perfectionnement des institutions politiques et sociales, qui s'accomplirait à travers les ruines des empires ou par des changements graduels dans l'existence d'un peuple. Il semble qu'une organisation plus solide se constitue lentement sur la base de quelques principes assurés, qui seraient comme les racines et l'axe de l'arbre futur. De toute façon, il est permis de supposer que des réformes profondes dans les systèmes politiques doivent correspondre à la transformation des rapports internationaux et à la naissance d'une vie de relation plus étendue, pour parler la langue des biologistes ; les organes sociaux se modifient, de toute nécessité, pour servir à des fonctions nouvelles.

Il n'entre pas dans notre sujet d'aborder cette étude spéciale, et nous n'avons pas davantage à définir la notion du progrès appliquée à l'art, à la science ou à l'industrie. Ce qui nous intéresse surtout ici est de déterminer, avec plus de précision, l'objet même de ce qu'on appelle le progrès, ou, d'un mot plus significatif, l'idéal humain, à l'égard de l'individu et du milieu.

Un idéal nouveau est-il en voie d'élaboration ? Quels en seront la formule, le sens, la puissance directrice ? Ces questions occupent bien des esprits et provoquent

des réponses parfois contradictoires [1]. L'accessoire
empêche de voir l'essentiel. En vérité, l'idéal qui s'éla-
bore aujourd'hui n'est pas vraiment nouveau. Il est
celui de toujours, car il résulte de la nature même de
l'homme et de sa condition dans l'univers. Il apparaît,
à qui sait bien regarder, dans tous les grands mouvements de la pensée et de l'action humaines, révolutions, religions, philosophies. *Panem et justitiam :* ce
cri domine l'histoire. La bête, en l'homme, réclame du
pain ; son intelligence veut la justice. Et ces deux mots
sont le symbole de tous nos besoins moraux et matériels ; ils expriment, d'une façon concrète et saisissable,
tout ce qu'on entend sous les termes vagues d'expansion et d'épanouissement de l'être.

Cependant la justice, pas plus que le pain, ne nous
est donnée gratuitement. Il nous faut les obtenir de la
nature, les créer en quelque sorte. Le travail patient
et l'expérience mille fois séculaire de l'espèce aboutissent finalement à la connaissance et à la moralité ;
par elles seules l'existence s'améliore et les nations
n'ont d'autre fin intelligible pour nous que d'y avancer.

Transformer la justice mécanique du monde en justice morale et sociale, telle est donc la formule qui
nous a paru exprimer avec le plus de force l'idéal actuel
et permanent des sociétés. Elles n'ont pas varié sur
l'idéal, mais sur les instruments de l'idéal. Il reste le
même ; les formules seules et les moyens sont différents. Les révolutionnaires de 1792 ont jeté au monde
une devise métaphysique ; ceux de 1848, un aphorisme
économique. Leur sentiment était clair, leur langage

---

(1) Voy. la *Coopération des idées*, revue mensuelle de sociologie positive, fondée récemment par M. G. Deherme (Paris,
Giard et Brière, 1896-97).

vicieux. Trop souvent la vérité s'enveloppe d'ignorance
ou de mensonge, et l'on a dénoncé avec raison le caractère d'illusion et d'irréalité des idées qui mènent les
foules ; on aurait tort néanmoins de ne pas se demander si ces rêves illusoires n'enfermeraient pas quelque
chose de solide. Les événements humains ne peuvent
être considérés comme seuls dénués de sens dans l'ensemble des phénomènes de la nature, où nous découvrons partout, au moins en de certaines limites, la
progression et la régularité [1].

Nous chercherons tout à l'heure à discerner les dernières conséquences de ces faits. Notre formule prendra dès lors une portée plus générale. Mais nous pouvons dire maintenant que l'idée future restera scientifique, puisque l'effort suprême des penseurs est de
certifier les vérités pressenties par les philosophies et
les religions supérieures et d'édifier une hypothèse
positive à la place des hypothèses arbitraires qui ne
suffisent plus. Elle sera également religieuse, ce qui
n'implique d'ailleurs aucune espèce de mysticisme :
toute hypothèse est comme une nouvelle arche du pont
jeté par la science sur l'inconnu ; toute croyance,
d'autre part, se réfléchit en émotion dans l'âme humaine
et aspire à se traduire, pour la majorité des hommes,
en vie poétique et cérémonies. L'idéal qui se précise
dans la pensée moderne n'aura pas enfin une moins
grande puissance directrice que n'ont eue les religions
du passé, car il fait plus directement appel à l'énergie
de l'homme et lui laisse la charge de réaliser sa haute
ambition par ses propres efforts. L'idée même que nous

(1) Cette critique s'adresse à un ouvrage de M. G. Le Bon, *la
Psychologie des foules* (Paris, F. Alcan, 3e édit., 1898), et d'une
façon générale à la conception sociologique de M. Tarde.

6.

avons du progrès nous en indique les voies; mais les
sectaires oublient volontiers que les conditions premières de la vie ne s'abrogent point, qu'il faut compo-
ser avec elles, et qu'on se trompe toujours en se flat-
tant de les éliminer.

III

La question du progrès politique en appelle une
autre, celle du perfectionnement de l'individu lui-même.
La religion chrétienne a donné tous ses soins à la culture de l'âme; elle détache l'individu de la société,
dont les destinées lui semblent être de minime importance. L'esprit qu'elle tient de ses origines la laisse à
peu près indifférente aux progrès réalisables par le
travail humain dans l'ordre temporel; elle vise un
monde au delà, et résume son idéal dans la purifica-
tion des créatures et leur détachement des biens ter-
restres. Le pur enseignement chrétien se relie, par ces
traits, à celui du Bouddha : leur plus haut objet est de
produire des personnes morales supérieures, et ces doctrines, par là, restent dans la vérité. Leur erreur est
d'abstraire l'homme de son milieu ; elles oublient qu'il
est d'abord un animal social, que l'individu n'existe
point par lui-même, qu'il ne vit réellement, selon les
belles leçons de Confucius, que dans la famille, dans
la cité ou la société dont il est membre. Dès lors ses
vertus les plus méritoires sont des vertus actives; il a
pour devoir principal de travailler à l'amélioration de
la vie collective, et l'on ne conçoit pas des qualités
personnelles qui ne seraient pas en même temps des
qualités sociales. .

Autant que ces idées ont pénétré dans le Christianisme, il les doit aux races de l'Occident; elles ont
infusé en lui leur génie, leur tradition et élargi de force
son cadre primitif. Cette circonstance favorable ne s'est
pas rencontrée pour l'Islamisme. S'il garde l'avantage de
faire de l'homme le citoyen de sa religion, pour ainsi
dire, comme il en est le croyant, ce bienfait a été compromis dans la suite par la tyrannie de la lettre. Tandis
que, dans les sociétés chrétiennes, l'individu agissant
dépasse sa croyance, dans la société musulmane il s'y
enferme, et l'une a mieux préservé son éducation
morale, quand les autres se confient au progrès de
l'intelligence, au risque même de fausser pour un temps
l'équilibre intérieur de l'âme humaine.

La théorie du progrès indéfini de l'espèce, il convient
de le remarquer, ne peut être reçue sans une correction,
en ce qui regarde la perfectibilité de l'individu. Dans
l'ordre intellectuel, on constate, par exemple, l'accumu-
lation du savoir, qui constitue un véritable progrès;
mais on n'en pourrait inférer un accroissement égal du
génie scientifique. De même on constate l'extension de
la sympathie humaine à des groupes plus larges; et
cependant le nombre des objets en dehors de nous
auxquels s'attache notre intérêt ne mesure pas non
plus la force de l'altruisme. Un Ampère n'a pas nécessairement plus d'invention qu'un Archimède, un soldat
moderne plus d'héroïsme qu'un guerrier primitif. Si
toutefois l'on admet des degrés dans la puissance de
créer en toutes choses, il faudrait dire alors que cette
puissance augmente dans l'homme, mais infiniment
moins vite que ne s'en accumulent les effets. Le progrès
aurait consisté moins dans le changement de l'homme
lui-même que dans la réforme des appareils de la civi-

lisation ; il serait dans l'accroissement de l'héritage
social et dans la richesse des habitudes acquises, plutôt
que dans l'augmentation du pouvoir des individus et
dans leur plus haute vertu, morale ou intellectuelle [1].

Tout ce qu'il nous est permis d'attendre, sans nous
leurrer de l'espoir d'une perfection chimérique, c'est
que la somme des qualités heureuses s'augmentera avec
la civilisation. Une meilleure culture aura du moins
pour effet d'assigner aux énergies de l'individu un plus
juste emploi et de fournir le cerveau humain de connaissances plus utiles. Cela même est une condition
d'existence pour les empires, et tout système de gouvernement qui ne s'y conforme pas est détestable. L'élévation des moyennes favorables est bien un indice du
progrès social ; mais la grandeur d'un peuple dépend
moins de la qualité des hommes médiocres que de la
valeur des hommes exceptionnels. Une nation ne saurait descendre, sans déchoir, au-dessous d'un certain
niveau d'intelligence et de moralité ; elle se voit en danger d'être éliminée, quand elle ne produit plus une élite
suffisante d'hommes supérieurs pour la conduire.

Lorsqu'on regarde les choses humaines dans le détail,
il arrive parfois que le mal jette sur le bien une ombre
qui le dérobe à nos yeux. On ne voit que l'imbécillité
des foules, la mauvaise foi des partis, les vices des meneurs, les ruses ou les vilenies des politiciens, et l'étude
particulière des individus ou des catégories sociales
révèle des défauts constants qui laissent en doute sur
l'amélioration possible de la vie sociale. La destinée
des peuples semble livrée uniquement à l'ambition et

(1) J'ai traité cette question de l'accroissement du génie plus
amplement dans mon *Journal d'un Philosophe*, XXXV (Paris,
F. Alcan, 1886).

aux appétits grossiers. Le droit apparaît comme le masque de la faiblesse, le devoir comme le décret de la force. Nous n'aurons pourtant pas compris l'histoire, aussi longtemps que nous n'aurons pas su dégager des événements ces deux vérités essentielles, l'une, que toute action ne réussit pas, et l'autre, que le monde tend vers la justice morale, en prenant ce mot avec les réalités diverses qu'il enveloppe. Les peuples font effort pour la justice, alors même qu'ils ne l'aperçoivent point ou se trompent sur le but. Et c'est par cet effort seulement, c'est par l'intelligence des fatalités physiques et par le pouvoir que nous acquérons sur elles, que nous sentons notre vraie raison de vivre et prenons conscience d'avoir une part dans l'évolution universelle.

Ici, la certitude fait place aux conjectures. L'inconnu s'ouvre devant nous : essayons d'y pénétrer.

DEUXIÈME PARTIE

LES CONJECTURES

CHAPITRE PREMIER

LE COSMOS

I

Toute religion, considérée sous son aspect moral, peut se ramener à la croyance en une puissance qui est bonne et qui travaille au règne de la justice. Les théologies ne sont jamais que l'organisation provisoire de cette croyance dans la pensée humaine, et c'est pourquoi nous avons dégagé d'abord la part de vérité qu'elle enferme, en nous plaçant à un autre point de vue. Si les religions actuelles sont en voie de périr, c'est dans leurs symboles, dans ce que j'appellerais leur instrument métaphysique ; mais il ne semble pas que la croyance en un monde juste ait faibli, et nous constatons au moins l'universel désir de la justice : il n'est pas seulement dans les écrits des philosophes, mais il vit dans l'âme des peuples et s'affirme plus fortement, chaque jour, dans l'humanité.

On ne peut se flatter d'avoir secoué le joug des religions, aussi longtemps qu'on n'aura pas justifié de quelque manière la croyance dont elles ont vécu, et parfois mal usé. Alors seulement une philosophie libre sera mise au point de les remplacer et de substituer à leur enseignement une doctrine moins incertaine, capable de se développer avec le progrès de nos connaissances. Ce qui importe aujourd'hui, ce n'est pas de ruiner les disciplines anciennes, et c'est au contraire de continuer leur indispensable office.

Nous avons montré comment il est possible de concevoir la nécessité et l'avènement humain de la justice. Mais nous avons écarté de notre route cette « puissance » que les religions invoquent et personnifient, pour ne voir sous cette figure que l'expression des lois de la vie morale, ou plutôt des faits que saisit la commune expérience. Si nous essayons maintenant d'édifier une nouvelle hypothèse, elle consistera nécessairement à définir la situation de l'homme dans l'univers, à porter les lois de la vie au delà des limites de l'habitat terrestre pour leur donner la valeur de lois cosmiques.

Ce sera là, si l'on veut, de la métaphysique, puisqu'il nous faudra dépasser l'expérience immédiate. Mais toute hypothèse scientifique n'est pas autre chose, en ce sens qu'elle anticipe sur des faits qui ne sont pas encore ou ne seront peut-être jamais vérifiables. L'erreur métaphysique n'est pas de supposer et de généraliser ; elle est de prétendre à gouverner l'observation et la réalité d'après ce qu'on imagine. Ce procédé seul est vicieux. Quant aux hypothèses elles-mêmes, on ne les doit estimer que sur leur caractère propre, selon qu'elles sont positives et solides, ou purement arbitraires et chimériques.

Tâchons donc de ne pas quitter le terrain ferme ; les

faits nous offrent déjà une base suffisamment large
pour y asseoir une induction valable.

II

Il existe, entre les parties du vaste ensemble que nos
yeux découvrent ou que nous pouvons imaginer, des
rapports de dépendance si évidents, qu'il est à peine
besoin de les indiquer. Notre terre est liée aux autres
corps du morceau d'univers dont elle fait partie par
des relations mécaniques, physiques et chimiques déjà
bien connues ; le système solaire forme à son tour
comme une unité simple parmi d'autres systèmes, en
sorte qu'il n'est point de phénomènes qu'on puisse
isoler en la série où ils s'intercalent, sinon par un arti-
fice de l'esprit et pour la commodité de leur étude. Ni
la terre, ni le chœur même des planètes, ne sont des
systèmes fermés, indépendants des milliers de mondes
jetés dans l'espace, et nous ne les supposons jamais
tels, en théorie, sans faire d'abord les réserves nécessaires.

Les relations biologiques ne sont pas moins évi-
dentes, car la vie dépend de la composition élémentaire
et de la température du milieu. Toute existence sur
notre globe reste soumise à l'action de l'astre qui le
baigne de sa lumière. Il faut la chaleur des rayons
solaires pour produire ces réactions spéciales qui sont
l'affinité et la vie, et l'observation des êtres vivants,
suivie depuis leur origine, semble autoriser enfin les
biologistes à conclure que rien, ici même, n'est en
dehors des lois naturelles réalisées pour les corps bruts,

c'est-à-dire des lois de la physique et de la chimie [1].

On a pu définir la vie, à tous ses degrés, un conflit de l'organisme avec le milieu. Ce conflit se traduit par des échanges matériels, qui forment un cycle, et la durée du cycle vital, en son ensemble, exige la permanence de certaines conditions générales. Mais les organismes complexes manifestent une activité particulière ; avec le système nerveux, qui est un appareil de coordination supérieure, apparaît la conscience, grâce à laquelle on peut dire que l'homme, l'animal par excellence, connaît ses propres facultés. Et non seulement il modifie son habitat par des créations originales, qui ne sont plus de simples échanges chimiques ; mais il se développe et se reconstruit lui-même, en quelque sorte, en imprimant à sa structure nerveuse des modifications durables, qui se continuent par l'hérédité et l'éducation. Si l'on se demande alors quelle est la portée possible de ces changements, au delà des limites de temps et d'espace où l'expérience directe les saisit, la réponse à une telle question ne saurait être que négative ou dubitative. Il semble que les changements apportés au milieu matériel introduisent de simples variations dans l'équilibre des éléments constitutifs de ce milieu : l'évolution de l'espèce finirait un jour avec l'espèce elle-même.

Laissons toutefois cette question ouverte, et recherchons seulement s'il n'existerait pas, entre le rythme du monde et celui de la pensée humaine, des liaisons

---

(1) Le Dantec, *Théorie nouvelle de la vie* (Paris, F. Alcan, 1896). — E. Préaubert, *la Vie mode de mouvement, Essai d'une théorie physique des phénomènes vitaux* (Ibid., 1897). Selon M. Préaubert, la vie aurait pour substratum, non pas une matière pondérable, mais l'éther.

analogues à celles qu'on observe entre les réactions de
la chimie et les phénomènes des corps vivants.

III

Notre vie affective et intellectuelle trouve ses conditions immédiates dans la vie végétative. Nos émotions
correspondent d'une étroite manière à nos fonctions
vitales ; nos perceptions sont une réponse du cerveau
à l'ébranlement qu'il reçoit du monde extérieur. Par
quels procédés naissent, se fixent et s'enchainent nos
images ou nos idées, nous ne le savons point. L'opération
délicate nous échappe. Mais nous connaissons, d'expérience certaine, que l'état quantitatif, le travail qui se
fait dans les centres nerveux, reste le moyen indispensable de l'état qualitatif où nous voyons l'intelligence,
que la physiologie des êtres vivants détermine, en un
mot, avec rigueur ce qu'on appelle leur psychologie.
  L'étude du corps humain, d'une part, a permis de
définir avec quelque exactitude les fonctions dévolues
à la moelle et au cerveau ; l'expérimentation a montré,
dans l'organe cérébral, des aires fonctionnelles dis-
tinctes et retrouvé la grande loi de la division du travail. On a réussi, en ces dernières années, à isoler les
véritables éléments nerveux, dont on a décrit la structure et le mode singulier de communication. Alors
cependant qu'on découvre l'origine et la direction du
courant nerveux dans le corps même des cellules et de
leurs prolongements ramifiés, on ne saurait l'assimiler
encore à aucune des transformations déjà connues de
l'énergie. Il est du moins légitime d'affirmer qu'un tel
courant existe, avec un appareil conducteur spécial ;

sa transmission exige du temps, et ce temps même a
pu être mesuré en bien des cas.

D'autre part, une observation attentive a conduit à
restreindre le domaine, dans la vie mentale, des états
de pleine conscience ; on a montré le changement, grâce
à leur répétition, des actes volontaires en actes auto-
matiques, et fondé sur les réflexes acquis toute éducation professionnelle : l'existence même de ces réflexes
a révélé une activité propre à tous les centres nerveux,
avec la possibilité presque sans limite de leurs associations. On a reconnu la mémoire psychologique pour
un phénomène surajouté à la mémoire organique, naturelle conséquence des fonctions de la vie, et cette
mémoire est la propriété grâce à laquelle, les états de
conscience étant reliés entre eux, la personnalité, ou
le *moi*, s'affirme enfin et se conserve.

La pensée même est un mystère moins impénétrable,
dès qu'on en scrute les moyens et les donnnées. Nous ne
savons rien du monde extérieur que par nos sens. Ils
transmettent à nos centres nerveux supérieurs des impressions qui, là, deviennent des images, c'est-à-dire
des états actifs susceptibles de se reproduire. De ce
qui est, dans la nature, simples longueurs d'onde ou
vibrations moléculaires, notre appareil visuel fait de
la couleur, notre appareil acoustique fait du son ; par
le toucher, par l'odorat et le goût, nous percevons
d'autres qualités physiques des corps, qui en achèvent
la connaissance expérimentale. Une infirmité frappant
l'un de nos sens abolit pour nous tout un aspect du
monde. Or, la réponse toujours semblable de nos nerfs
à l'excitation périphérique atteste l'accord des modes
de l'énergie dans la nature avec la structure de la
machine vivante. L'opération mentale la plus haute

dépend forcément de cet accord, dans la matière de l'intelligence comme dans ses modes.

De même, en effet, que la perception est déjà une analyse et que nos centres nerveux différencient les phénomènes par leur propre réaction, de même nos concepts, nos idées abstraites, figurent aussi un procédé d'analyse et de synthèse. Le triage qui s'était fait dans la perception se continue dans la pensée. Nous achevons, en quelque façon, dans l'abstraction pure, le travail que les éléments nerveux avaient commencé ; et s'il est vrai que l'intelligence marque ses produits d'un cachet nouveau, ou même qu'un certain pouvoir immédiat serait dans l'idée [1], que n'aurait jamais créé l'évolution ou l'expérience, il demeure non moins vrai que tout l'édifice scientifique se construit en vertu des relations constantes des mouvements cérébraux avec les formes d'énergie de l'univers. L'être sentant est en accord avec son milieu ; la pathologie, en étudiant les organismes désaccordés, témoigne encore en faveur de cette harmonie, sans laquelle nulle faculté, nul exercice de l'esprit, n'est plus concevable [2].

Il fallait, en un mot, pour que la science humaine s'exprimât en des formules intelligibles, et la régularité des phénomènes, et la concordance de notre commune logique avec ce qu'on pourrait appeler la logique interne de l'univers. Il fallait que le rythme de la pensée se trouvât en parfaite correspondance avec celui de

(1) Ce conditionnel réserve la théorie spiritualiste, telle que vient de la formuler, par exemple, M. J. Alaux, dans sa *Théorie de l'âme humaine* (Paris, F. Alcan, 1895).

(2) Pour le rôle de la perception et les concepts, je renvoie à l'ouvrage récent de M. Th. Ribot, *l'Évolution des idées générales* (Paris, F. Alcan, 1897)..

la nature. L'esprit, oserais-je dire, est comme une pièce
taillée dans l'étoffe du monde ; l'homme, comme un
instrument accordé au diapason des choses.

A défaut d'une formule qui exprime clairement cette
relation, il paraîtra sans doute raisonnable de l'accepter à titre de première hypothèse. Mais celle-ci en appelle aussitôt une seconde.

IV

Que la vie se soit développée sur d'autres planètes et
en d'autres systèmes que le nôtre, c'est là une suppo-
sition ancienne. La science moderne la justifie indirectement ; elle nous autorise en outre à supposer que les
formes de la vie y seraient assez différentes. Non seulement l'étude des espèces végétales et animales, vivantes ou fossiles, nous montre des séries de créations
qui n'ont pas ou qui ont mal réussi ; mais encore il est
légitime d'admettre que des êtres autrement organisés
auraient pu peupler la terre. A plus forte raison leur
apparition en des habitats divers reste possible, puisqu'il est vrai, pour tous les zoologistes, que de faibles
changements dans le milieu peuvent produire des effets
importants sur les organismes : ce qui a conduit à dire,
rappelons-le en passant, que la grande merveille n'est
pas que les types spécifiques changent, mais qu'ils persistent.

On ferait d'ailleurs du pur roman, si l'on essayait
de définir, en l'état de nos connaissances, les possibi-
lités de l'évolution, et d'imaginer la vie morale des
êtres différents et plus parfaits qu'elle aurait donnés.
Notre hypothèse, dans tous les cas, nous engage à

accepter que l'intelligence de ces êtres apparus sur
d'autres globes, fût-elle douée de ressources qui manquent à la nôtre, lui serait analogue cependant et déterminée encore, en ses procédés, par le rythme profond
des choses.

Le premier miracle, hier encore, c'était la vie ;
aujourd'hui, c'est la conscience. Les physiologistes
avaient considéré la vie pour une propriété irréduc-
tible ; ils tentent maintenant de la ramener aux conditions de la chimie et de la physique, ce qui équivaut
à la placer en puissance dans la matière, mais non pas
à la réduire aux phénomènes que ces sciences étudient.
La conscience est à son tour un attribut de la vie ; elle
n'affecte pas, du reste, la physiologie même de l'être
vivant et la laisse comme elle serait sans cette qualité
supérieure. Quel rôle elle a néanmoins dans l'existence de l'homme ! quelle signification dans l'évolution universelle ! La conscience, en chacun de nous,
c'est la nature qui se réfléchit en soi, le monde qui se
découvre lui-même[1]. Réflexion partielle ou vue confuse,
mais qui se précise et s'agrandit avec le savoir, où se
révèle, partant, une énergie réalisable en quelque humanité plus haute, dont l'existence marquerait un
accroissement de tout ce que nous nommons le génie
et l'idéal.

Si la conscience du savoir et de l'action a une pareille
valeur, le long effort de la race humaine n'est plus sans
objet et l'office des individus supérieurs prend son importance véritable : ils ont une part de création dans
l'ensemble ; leur activité bienfaisante a des effets qui

(1) Leibniz pensait que chacun de nous est un miroir de
l'univers, et que nous arrivons à la conscience de l'univers par
une conscience progressive de nous-mêmes.

dépassent l'observation vulgaire. La même connexion
que nous découvrons entre les événements physiques,
et qui fait aussi la solidarité des êtres vivants sur notre
globe, existe nécessairement entre les mondes. Serait-
il illogique de l'étendre aux événements moraux, alors
que nous ignorons d'ailleurs comment l'action individuelle, qui paraît limitée et transitoire, se prolongerait
dans le temps et se communiquerait aux autres parties
de l'univers ?

Il est au moins légitime de penser que la réalisation
progressive de l'idéal humain entre dans le jeu de
l'évolution universelle, et quelques philosophes modernes ont pu parler, en se plaçant à ce point de vue,
d'une morale cosmique [1], c'est-à-dire d'une telle conception de la vie générale, que l'homme s'estime un
agent efficace dans la nature et l'auteur aussi de ses
propres destinées. Ces conjectures, à coup sûr, ne laissent pas d'être téméraires. Si pourtant elles étaient
recevables, n'est-ce pas de quoi nous reposer et nous
affermir ?

(1) Cette hypothèse d'une morale cosmique a été indiquée ou
exposée, notamment par M. A. Fouillée, *Critique des systèmes
de morale contemporains;* par Guyau, *l'Irréligion de l'avenir;*
par A. Angiulli, *la Filosofia e la scuola* (Napoli, Anfossi, 1888),
et avant eux par M. Ch. Mismer, *Principes sociologiques* (Paris,
Fischbacher, 1882). — Il convient de mentionner également la
conception du *souverain bien* formulée par Mme Clémence Royer,
dans son livre : *le Bien et la loi morale. Éthique et téléologie,*
IIe partie (Paris, Guillaumin, 1881).

CHAPITRE II

L'AME

I

Les hypothèses qui viennent d'être sommairement
énoncées paraissent, au premier abord, plus aventu-
reuses que les croyances auxquelles une longue éducation nous avait accoutumés. Elles ont plus de portée,
sans doute, mais ne sont pas moins licites. Et d'ailleurs
cet accord de la pensée avec l'énergie de l'univers,
cette réflexion du monde dans la conscience humaine,
cette évolution morale, enfin, qui s'accomplirait dans
le cosmos par le moyen du perfectionnement des individus, ces diverses inductions n'ont pas absolument
besoin des instruments théologiques : elles trouvent
leur point d'appui, tout faible qu'il est, dans les résultats de la science moderne, et c'est un fait singulier
que la philosophie les propose hardiment dans le
temps même où elle abandonne ses anciennes positions, chaque jour moins défendables.

Une forme nouvelle a été donnée aux questions que
ces mots recouvrent, l'âme et Dieu. Il n'entre pas dans
le dessein de ce livre d'en recommencer la discussion
ni d'en refaire l'histoire. Nous devons noter cependant
certaines interprétations récentes : et cela importe à

notre sujet, puisque la nature de l'émotion, où nous
savons que se reflète l'état de la pensée, dépend nécessairement des idées dont notre conception du monde
sera faite.

A quel ensemble de pensées, à quel désir répond la
notion de l'âme ? Il serait facile de montrer, en suivant
le cours des âges, que les doctrines d'un « double »,
ou d'un « moi » spirituel, ont visé, en premier lieu, à
consoler de la mort et sauver du néant l'individu ; en
second lieu, à garantir la loi morale, à parfaire la justice dans une vie ultérieure. De quelque façon que les
philosophies naïves ou savantes aient imaginé un état
de survie et les moyens d'une sanction, il n'est pas
douteux qu'elles ont eu pour objet de satisfaire à ces
deux désirs de l'homme : la durée et la justice.

Les hommes, il est vrai, ont cru d'abord à une
manière de survivance, avant de chercher un instrument moral dans la croyance en une vie future. Chez
les Grecs, l'immortalité, jusqu'à l'école platonicienne,
était restée à peu près sans justice, et ces deux fins ne
sont pas inséparables l'une de l'autre. Déjà pourtant,
sans parler de la religion des Égyptiens, bien des
mythes primitifs accusent le même souci de la morale
qui a inspiré les religions supérieures. Il n'est d'ailleurs pas possible de comprendre l'espèce de durée et
de sanction que ces dernières entendent, si l'on ne
s'attache à définir leurs conceptions particulières sur
la nature de l'âme. Besogne ingrate, tellement les
théologies ont varié avec les siècles, au moins dans
l'esprit de leurs maîtres, sinon toujours dans la lettre
du dogme.

La résurrection du corps, ou la persistance de
quelque chose qui tient lieu du corps, voilà ce qu'en-

tend encore le croyant vulgaire. Changer, pour lui, ce n'est plus durer ; et pâtir sans la chair, ce n'est plus expier. Les anciens laissaient aux Ombres leur forme humaine ; les supplices de l'Hadès s'exercent sur des corps qui peuvent sentir, et ces corps sont les enveloppes d'âmes qui se souviennent.

Si cette croyance grossière en une continuité physique n'est pas celle du haut enseignement chrétien, elle y a laissé des traces. Les tourments de son enfer sont comparables à ceux du Tartare ; la poésie de Dante, commune à tout le moyen âge, recourt à des procédés qui rappellent ceux d'Homère et de Virgile. L'état de béatitude céleste paraît seul avoir pu s'attribuer à de purs esprits. Toutefois on est venu de bonne heure à l'idée d'une dualité, d'une séparation temporaire ou définitive ; on se figure une âme qui peut exister sans le corps, ou passer même en d'autres corps. Mais que sera cette âme qui vit hors du corps et ne se manifeste d'ailleurs que par un corps ? On l'imagine comme une substance propre ou comme une simple forme : la matière pesante n'est plus désormais que le vêtement d'une essence impondérable, ou le lieu d'exercice d'une virtualité ; elle est la réalisation visible d'une harmonie idéale, ou devient le simple véhicule d'un ensemble de qualités psychologiques.

Ces diverses situations sont comme les types des doctrines, religieuses ou indépendantes, que nous allons très rapidement examiner.

II

Le Christianisme et l'Islamisme séparent nettement l'âme du corps ; ils conçoivent la survivance de l'individu sous la figure d'une entité substantielle où persiste la conscience du moi. C'est là un dualisme extrême, dont nous ne pouvons pas dire comment il s'ajusterait à la vérité physiologique. Cette doctrine, en tant même que solution du problème moral, a soulevé, récemment encore, les critiques les plus sévères, et les spiritualistes éclairés s'efforcent à corriger la leçon chrétienne du démérite et de la peine, qui est évidemment insuffisante [1].

Le Brahmanisme reconnaît aussi l'entité du *moi ;* mais il réduit l'essence de l'âme à cet attribut immatériel, la conscience. Les Brahmanes considèrent même comme non essentielles les formes particulières aux différents êtres, pour ne voir que ce trait de l'existence qui leur est commun, et ils arrivent ainsi à ne plus les distinguer [2]. En revanche, le génie hindou introduit l'idée d'évolution dans sa théorie de l'âme, qui diffère en cela profondément de la théorie chré-

(1) J. Alaux, ouvrage précité. Le trait particulier de la théorie dynamique, telle que l'expose M. Alaux, c'est qu'elle introduit dans le christianisme le dogme hindou de la réincarnation. L'âme qu'il conçoit a des facultés innées qui lui viennent d'existences antérieures ; elle peut retrouver en d'autres corps d'autres conditions d'existence. Il professe que l'âme qui se réincarne se sent toujours la même âme ; que la vie présente ne suffit pas à notre éducation ; qu'il faut d'autres vies, et plusieurs épreuves, pour justifier la peine et mériter la béatitude divine.

(2) Voy. Paul Carus, *Brahmanism and Buddhism*, etc., in *The Open Court* (19 march 1896).

tienne. Celle-ci enferme l'histoire de l'âme dans les étroites limites de la naissance et de la mort de son organisme corporel ; elle lui assigne une destinée définitive après les courtes épreuves de la vie terrestre. L'Hindouisme ouvre l'espace à l'âme avec sa doctrine de la transmigration ou réincarnation des âmes, doctrine épurée et savante, bien qu'elle plonge dans le terrain primitif des métamorphoses.

Le Bouddhisme rejette l'individualité substantielle du Brahmanisme ; il reconnaît la persistance, non plus du moi entité, de cet être métaphysique qui serait « le *pensant* de nos pensées, le *percevant* de nos sensations, le *faisant* de nos actions », mais de l'action du moi. Il professe que la conscience du moi (âtman), indépendante de toute forme, est une fiction ; que la forme en laquelle la conscience se révèle est au contraire l'homme lui-même ; que la nature de l'homme est faite d'action (karma). Ainsi il conçoit l'âme comme un ensemble de fonctions et d'actes : et cette âme fonctionnelle se continue par l'hérédité et l'éducation. Il n'enseigne pas, en conséquence, la transmigration des âmes-substance, mais des caractères. L'homme qui se rencontrera du même caractère que moi sera le même que moi : tels deux triangles égaux ; ceux-là nous continueront, en qui s'incarnera notre *karma*. L'âme est donc plus large que le moi ; la tâche de l'homme est de dépouiller le moi pour arriver à la lumière et à la connaissance, à cet état du *nirwana*, qui est l'analogue de notre Paradis [1].

« L'homme adulte, nous apprend la physiologie

(1) Voy. Paul Carus, *Karma and Nirwana*, in *The Monist*, april 1894 (IV, 3).

moderne, est le résultat de tout ce qu'il a fait depuis qu'il était œuf. » Le Bouddhisme professe une vérité analogue. « Tout ce que nous sommes, est-il écrit dans l'évangile du Bouddha [1], est le résultat de ce que nous avons pensé ; il est fondé sur nos pensées, il est fait de nos pensées. » Mais le sage hindou remonte avant l'œuf et porte son regard au delà de la dissolution de l'organisme. L'hérédité continue à régir le physique ; les existences antérieures expliquent le moral, les existences postérieures la sanction. Le mécanisme des incarnations, ou peut-être, selon une autre école [2], des renaissances alternantes, demeure caché ; nos actions, du moins, s'enchaînent toujours l'une à l'autre à travers le temps.

La doctrine bouddhique, en somme, telle qu'elle s'offre à nous dans son interprétation la plus récente, donne aux questions du mal ou du péché, de la responsabilité et de l'épreuve morale, une solution intéressante. On a fait valoir qu'elle s'accorde avec les dernières recherches, selon lesquelles la conscience n'est pas une unité indivisible, mais une concentration de sentiments en un foyer, et sur ce point encore que la fonction crée l'organe, d'où il résulterait que le système d'éléments matériels où se produit la personnalité serait déterminé par une pure activité fonctionnelle. Il subsiste pourtant des difficultés bien graves,

(1) Paul Carus, *The Gospel of Buddha* (Chicago, *Open Court* Pub. Co.). — On trouvera des renseignements précieux sur les religions de l'Inde dans ces deux Revues, le *Monist* et l'*Open Court*.

(2) Voy. un article de M. Durand (de Gros) dans la *Revue immortaliste* (nᵒˢ de mai et juin 1895), concernant l'ouvrage de Oldenberg, *le Bouddha, sa vie, sa doctrine, sa communauté,* trad. Foucher (Paris, F. Alcan, 1895).

et que nous allons voir reparaître, quant à la nature de cette âme-fonction et à sa durée possible.

III

Je mentionnerai d'abord les théories qui se fondent sur la considération des monades de Leibniz ou de l'atomisme dynamique de Faraday et de Boscovich. Elles ramènent le monde à des points idéaux, à des centres de force. L'âme est conçue, en une pareille cosmologie, comme une puissance d'acte, comme un être virtuel, qui se réalise moyennant un corps et se construit lui-même ce corps. L'erreur de ces théories est de faire dire à une conception mathématique plus qu'elle ne peut dire, et de prêter un sens qu'elles n'ont pas à des valeurs purement symboliques. De toute façon, elles échouent à passer de l'état virtuel à l'état réel ; on ne réussit pas à matérialiser, pour la faire vivre, cette âme que l'on veut en même temps immatérielle afin de la laisser une et indivisible.

Un nouveau chercheur [1] a pensé sortir de cette impasse, où se débat le spiritualisme ancien, en imaginant un plasma ultra-terrestre comme moyen physique de l'immortalité. Ce plasma serait à la fois matière, vie, esprit ; les centres nerveux joueraient, à son égard, le rôle d'accumulateurs, de condensateurs, de façon à créer la personnalité consciente, et cette personnalité, une fois créée, pourrait être attachée, après la mort, à un nouvel organisme capable de

----

(1) A. Sabatier, *Essai sur l'immortalité au point de vue du naturisme évolutionniste* (Paris, Fischbacher).

maintenir son intégrité et d'accroître même son énergie.

Cette hypothèse du plasma semble légitime. Mais on
ne conçoit pas bien ce que serait du « psychique
diffus », imaginé hors de tout sujet conscient, ni comment la conscience, si elle dépend d'une association
d'éléments nerveux, matériels, survivrait à leur disso-
ciation. Les théories « formelles » essayent de répondre
à ce genre d'objections.

Un de nos philosophes[1] a remarqué dès longtemps
que ce qui importe, ce n'est pas l'immortalité de la
substance âme, mais l'immortalité de la personne, de
la conscience ; il reproche aux matérialistes et aux
spiritualistes de confondre ces deux choses. L'immortalité de la personne n'est pas garantie, en effet, par
l'indestructibilité de la substance spirituelle ; mais
cette immortalité, c'est-à-dire la persistance ou la
renaissance des fonctions qui constituent vraiment la
personne, réclame l'action de « lois cosmiques incon-
nues » et se définit sans se démontrer.

L'âme ne serait, selon un autre philosophe[2], ni un
mécanisme ni un être métaphysique : nos états de
conscience n'ont pas de commune mesure avec le
substratum physiologique, sans lequel pourtant ils ne
se produiraient pas. L'activité physiologique du cerveau est soumise au mécanisme, mais non pas l'état de
conscience. Or, comment la conscience apparaît-elle?
Quelle est sa raison d'être dans l'harmonie du monde,
cette réalité suprême de l'esprit? La « forme » serait
le pont jeté entre l'âme et l'univers. Les formes des

(1) F. Pillon, in la Critique philosophique, n° du 24 oct. 1878.
(2) Paul Carus, The Soul of man (Open Court, Pub. Co. 1891).

choses, ou relations entre les choses, auraient une existence réelle. L'âme d'une chose, c'est sa forme. L'âme de l'homme est un organisme d'idées, de sentiments : en elle vit le moi réel de l'espèce, toujours subsistant par la mémoire. Un organisme vivant n'est donc ni plus ni moins qu'une somme d'innombrables mémoires. La mémoire même est l'activité de l'âme immortalisée. Il suffit dès lors que le monde demeure, pour que l'immortalité existe, comprise comme la persistance d'effet de nos actions. La destinée morale de notre âme n'est plus bornée au moi individuel et périssable ; elle se confond avec la destinée de l'âme humaine.

Cette doctrine, qui s'ente sur le Bouddhisme en le corrigeant, ne garantit, on le voit, qu'une sorte de durée par substitution. Les théories dites d' « immortalité réversive » en sont proches voisines. Nous en avons la manière réaliste dans cette hypothèse toute récente « que le *moi* peut et doit nécessairement renaître, dans l'infini du temps, par la répétition des mêmes combinaisons de matière qui ont produit une fois sa conscience [1] ». L'auteur qui l'énonce n'ose décider, il est vrai, si la mémoire joue un rôle dans cette récurrence ; on lui a reproché aussi de conserver le préjugé selon lequel nous serions faits d'un certain nombre de particules « matérielles », dont on ne peut dire jamais ce qu'elles sont.

Plus intéressante est une autre théorie [2], qui définit l'âme la « formule idéale » en vertu de laquelle fonc-

(1) G. Mc Crie, *Reversive Immortality*, in *The Open Court* (19 mai 1896).

(2) Ad. Coste, *Dieu et l'âme. Essai d'idéalisme expérimental* (Paris, C. Reinwald, 1880).

tionne l'organisme humain. Cette formule idéale se transmettant, jusqu'à un certain point, par la filiation et l'atavisme, serait-il interdit d'imaginer la reproduction des mêmes âmes par le jeu de lois physiologiques dont nous ne connaissons encore que les procédés grossiers? Ne se pourrait-il pas que la réincarnation d'une âme se produisit avec les alternances d'une fraction périodique, si immense qu'on veuille supposer la série?

Dans cette dernière hypothèse, il peut y avoir des parentés d'esprit, non des renaissances d'un esprit qui se reconnaisse vraiment le même. On n'affirme, ici encore, qu'un *moi* de l'espèce, une mémoire de l'espèce, en d'autres termes, « la continuité de vie d'une âme immortelle dont les générations diverses ne sont que les transformations successives ». L'homme devient, selon le vœu du poète [1], le créateur de son immortalité ; sa personnalité mesquine s'élargit par le sentiment « d'une filiation passée et d'une fraternité présente ».

IV

Tels sont les types principaux auxquels il semble possible de ramener les nombreuses doctrines de l'âme. Elles ont varié constamment pour s'ajuster mieux à l'observation vulgaire ou aux nouvelles données de la science, jusqu'à réduire l'hypothèse immortaliste au rang d'une simple condition de la morale [2]. Cette con-

(1) Gœthe. — Je rappelle aussi quelques bonnes pages d'Eugène Noel, *Moi* (Extrait de la *Chronique moderne*, avril 1889).

(2) C'est la position de Kant, de Renouvier, et, à quelques égards, celle des spiritualistes.

dition, cependant, n'est pas moins bien remplie par les
lois de l'hérédité ou par celles qui unissent l'une avec
l'autre les destinées de l'individu et de l'espèce. Nul
doute que ces faits très positifs ont une importance
majeure, trop souvent négligée pour la recherche d'une
fin égoïste. La considération de leur suite inévitable
suffit à asseoir le devoir et la justice, sans en rejeter
la garantie à l'horizon perdu des conjectures.

Comment le *moi*, dont on présume qu'il n'est pas
une unité, mais une réunion temporaire et variable
d'activités naturelles sous la forme du cerveau vivant [1];
comment ce *moi*, reflet ou foyer de tant de centres
nerveux qui ont aussi leur conscience, relative à leur
activité propre [2], existerait en dehors des éléments
mêmes qui paraissent le constituer : cette question n'a
pas cessé d'être embarrassante pour les partisans d'une
âme qui serait substantielle ou immatérielle, mais
nécessairement indivisible et indépendante. Sur cette
croyance en une âme réelle, affranchie de la matière
pesante, la science faite ne dit pas non, la science à
faire ne peut dire oui. Le dernier mot appartient, ici
encore, à l'expérience.

Le spiritisme, il est vrai, se flatte d'avoir ce dernier
mot. Il admet que « les éléments de l'organisme por-
teurs des particularités qui constituent son caractère,
sa mémoire, sa conscience, persistent après la désor-
ganisation du corps cellulaire matériel sous une forme

______

(1) August Forel, *Un aperçu de psychologie comparée*, in
l'Année psychologique, 2e année, 1895 (Paris, F. Alcan, 1896).

(2) Je fais allusion, ici encore, à la théorie des âmes spinales
et ganglionnaires de M. Durand (de Gros), théorie reprise par
Claude Bernard, qui accepte aussi des « cerveaux inférieurs ».
Voy. Durand (de Gros), *l'Idée et le fait* (Paris, F. Alcan, 1896).

capable d'activité fonctionnelle [1] ». Mais les preuves
qu'il fournit restent entachées d'erreur; et la part des
phénomènes attribuables à la seule action du « médium »
est tellement grande qu'elle laisse peu de place à l'hypothèse des « esprits ». Des méthodes ingénieuses insti-
tuées dans les laboratoires ont fait connaître d'ailleurs
bien des procédés usités dans les séances des spirites,
et livré l'explication de certains miracles qui pouvaient
jadis les abuser [2].

On a beaucoup parlé d'expériences destinées à
démontrer l'« extériorisation » de la sensibilité et de
la motricité [3]. Par malheur, des fraudes y ont été
découvertes, et l'entremise obligée d'un agent professionnel affaiblit toujours la valeur des faits qu'on nous
présente. Fussent-ils reconnus vrais, que l'induction
fondée sur eux n'en demeure pas moins trop hasar-
deuse.

De nouveaux chercheurs annoncent, l'un [4] qu'il a
photographié la *pensée*, l'autre [5] le *rêve*. La photogra-
phie, en ce cas, aurait montré seulement (si toutefois
la physique et la chimie ne sont pas seules intéressées
en l'affaire) qu'il existe des modes d'échange encore
ignorés de l'énergie nerveuse avec le milieu extérieur
et des formes particulières de dépense de cette énergie.

(1) Aksakof, *Animisme et Spiritisme* (Paris, Leymarie, 1895).

(2) Voy., par exemple, dans *l'Année psychologique*, divers
comptes rendus classés sous le titre de *Psychologie anormale et
morbide*.

(3) A. de Rochas, *l'Extériorisation de la sensibilité* et *l'Extériorisation de la motricité* (Paris, Chamuel, 1895 et 1896).

(4) Communication du Dr Baraduc au Congrès de psychologie
tenu à Munich en août 1896.

(5) Lettre de M. Radel, insérée dans divers journaux de Paris
en août 1896 (dans *l'Eclair*, par exemple).

On serait en chemin, non pas précisément de matérialiser l'intelligence, mais de serrer de plus près le travail
physiologique correspondant à toute opération psychologique. La position du problème fondamental n'en
serait pas changée, et ces curieuses tentatives ne promettent point de donner les résultats que les impatients
de l'au-delà en espèrent.

Est-ce à dire qu'il faut nier sans entendre? Pareille
attitude ne conviendrait guère à l'esprit scientifique. Il
ne faut que rester fidèle à des méthodes éprouvées et
se garder de rien écrire par avance dans le chapitre du
livre que nous devons cependant laisser ouvert.

CHAPITRE III

DIEU

I

La notion du divin a varié avec celle de l'âme. Dieu
a été corporel, comme l'âme était physique ; il a été
substance des choses, énergie du monde, loi formative
de l'univers. Ces diverses définitions correspondent à
autant de manières de philosopher, dont nous pouvons
dire qu'elles changent notre point de vue, mais non pas
notre situation dans la nature.

Combien semble vaine la querelle des athées et des
déistes ! Les uns ont la croyance de croire, et les autres
de nier. On raisonne sur une équivoque ; on ne bataille
que sur la forme et le vêtement de sa pensée. Affirmations et négations nous laissent pourtant en un même
état devant les choses ; nous demeurons des êtres relatifs, subordonnés, sous quelque figure qu'il nous plaise
d'imaginer le rapport de dépendance où nous sommes.

L'homme primitif a déifié les morts ; il prêtait aux
défunts une action occulte sur les événements qui le
touchaient. Lorsque, plus tard, l'esprit humain eut
conçu l'idée d'une « cause naturelle » excluant le hasard
ou le caprice, on employa aussi, pour la désigner, le
mot de « Dieu » qui était dans le langage. Alors ce

mot, qui avait d'abord un sens concret, en vint à signifier un pur concept, un être métaphysique, et ce double
emploi a engendré d'interminables disputes [1]. Mais que
le « Dieu », cependant, fût personne ou entité, il repré-
sentait toujours à l'esprit la cause, l'antécédent, la raison prochaine ou éloignée de ce qui arrive ; il gardait
une même valeur dans le système de la connaissance,
et l'ancien problème, autant qu'on l'ait épuré, simplifié,
consiste encore aujourd'hui à situer et réaliser, pour
ainsi dire, l'intelligence dans l'univers.

Si l'on accepte que l'âme individuelle se dissout, que
la conscience s'évanouit avec la structure tangible où
elle se manifeste, on ne conçoit pas, au contraire, que
l'ordre du monde subisse aucune altération. Notre
commune expérience nous montre la mort des organismes vivants et la constance des lois de la nature.
Périssables sont les êtres humains, avec le génie qui
est en eux ; impérissable est le monde, où l'homme
apparaît en une suite d'événements qui témoignent
d'une action intelligente, puisqu'il la comprend. Comment l'intelligence serait-elle alors un accident dans
l'univers, un phénomène transitoire et sans nécessité ?
Notre raison refuse de l'admettre et cherche son refuge
en quelque doctrine qui lève cette contradiction. Telle
est du moins la valeur théorique de la notion de Dieu,
bien différente de sa valeur pratique. Elle a toujours eu
pour office d'expliquer le monde physique et le monde
moral. Elle a été, comme la critique nous l'indique, le
signe d'une généralisation prématurée et l'instrument
d'une morale incomplète.

(1) Cette critique ingénieuse appartient à M. Durand (de
Gros), *Ontologie et Psychologie physiologique* (Paris, G. Baillière,
1871).

II

L'homme se voit et s'analyse. Sa personnalité a une figure. Mais la raison du monde n'a pas de figure, et nous ne donnons une forme concrète à l'idée que nous en avons que par une enfantine et grossière analogie. La même analogie se retrouve d'ailleurs dans toutes les définitions possibles, quoique déguisée parfois et plus savante.

L'hypothèse d'un Dieu « créateur » est la plus simple de toutes. Elle s'établit sur l'amplification des qualités humaines et implique le dualisme constant de l'esprit et de la matière. Les choses, selon cette hypothèse, ont leur source et leur fin en la volonté divine, et, parce qu'elle représente d'une manière visible le gouvernement de l'univers, elle satisfait en quelque façon aux besoins de notre raison, sans cesse occupée à la recherche de l'unité du monde.

Mais elle borne en même temps cette recherche. Elle place devant notre pensée deux mondes irréductibles l'un à l'autre, dont nous n'avons pas à scruter les rapports, puisque l'agent divin les inclut en soi et les produit par un acte mystérieux qui en aurait, dès l'origine, séparé les termes. Le Dieu créateur et gouvernant devient par là un concept limitatif ; l'affirmation même que nous faisons de son existence et de son pouvoir nous dispense de pénétrer jamais les faits qu'il symbolise, les réalités qu'il masque. Il est pour nous le terme de toute généralisation possible. Il marque, en un mot, le cap que nous ne pouvons doubler : mais nous situons ce cap, arbitrairement, au dernier point de la côte qui est en vue de notre navire, et qu'un navigateur plus hardi dépassera.

Les métaphysiciens ont pensé se dégager de l'anthropomorphisme primitif en réduisant le Dieu « personnel » à l'état d'idée pure, de réalité « transcendante ». Ils ont commis ainsi un autre genre d'erreur, sans réussir néanmoins à modifier la situation première. Ils invoquent la distinction de l'infini et du fini, de l'absolu et du contingent, de l'un et du multiple, etc., et ne s'aperçoivent pas que ces termes qu'on oppose correspondent à de simples positions logiques de l'esprit humain, qu'ils sont des formes « subjectives » du raisonnement, non des qualités de l'existence « objective ». Ces antinomies, ou ces contraires, sont les modes de notre intelligence, les conditions de notre pensée. Mais lorsque nous projetons, pour ainsi dire, cette situation hors de nous-mêmes, nous perdons de vue les réalités et n'avons plus devant nos yeux que des idoles, dont la plus subtile dialectique ne réussit pas à faire des êtres véritables [1].

La notion d'*inconnaissable* n'est qu'un dernier déguisement de ce fétichisme verbal. Si l'on veut que l'Inconnaissable devienne un objet d'adoration, il faudra toujours que le Dieu concret s'y glisse enfin pour le

---

(1) Des tentatives récentes ont été faites à nouveau pour réaliser ce qu'on appelle l' « infini mathématique ». Les métaphysiciens de l'Analyse cèdent à l'illusion de voir dans le calcul autre chose qu'un pur instrument ; ils attribuent aux artifices qui le soutiennent une sorte de valeur mystérieuse. Il n'est pas douteux que l'infini, comme d'ailleurs tout concept, est intelligible et non représentable. Nous ne devons jamais oublier cependant que l'esprit humain est arrivé au concept par le chemin de la perception, et que si le concept, grâce à son caractère idéal, se prête merveilleusement à l'opération de la pensée, il n'a jamais de valeur qu'autant qu'il couvre un savoir réel.

vivifier. En tant que notion philosophique, il signifie encore une limite pour l'esprit qui le reçoit : il marque la borne de la science d'aujourd'hui et présume l'ignorance de demain.

III

Les diverses représentations de Dieu reviennent en somme à affirmer un principe d'explication universel, à comprendre sous une formule unique l'ensemble des choses. La révélation divine, cependant, n'a d'autre voie que les œuvres de la nature, et la vérité alors, c'est que la science connaît Dieu dans la mesure où elle connaît le monde. Ses généralisations les plus hardies peuvent être considérées comme un sincère effort pour atteindre ce Dieu, dont les théologies, avouées ou honteuses, nous éloignent au contraire, dans leur inutile ambition de le définir.

Si l'on renonce désormais à définir Dieu, ce n'est donc pas que l'on nie les conditions premières de l'être et de la pensée. On ne fait que laisser la porte ouverte sur l'inconnu et tenter l'unification logique des phénomènes de l'univers sur une plus large base : car telle est la seule expression possible de la souveraine pensée dans la pensée humaine.

Une nouvelle doctrine de l'unité du monde prend son point de départ dans la constatation permanente et l'assurance invincible que l'énergie et la matière sont inséparables ; et non pas seulement l'énergie physique dont nous étudions les modes sous les noms de pesanteur et de gravitation, de chaleur et de lumière, de son, d'électricité, de magnétisme et d'affinité, mais encore

l'énergie qui se manifeste dans les phénomènes de vie,
de conscience et d'intelligence. Tout ce qui existe se
résout, pour le monisme moderne, en atomes qui sont
à la fois matière, vie, esprit, en éléments substantiels
où résiderait, comme dans le germe, la puissance de
tout développement ultérieur. Si l'âme humaine nous
est apparue comme l'harmonie des fonctions de l'organisme, Dieu apparaît comme l'harmonie des fonctions
de l'univers : il peut être assimilé à l'âme du monde ;
il en est la loi régulatrice, le pouvoir formatif, et
comme tel il se réfléchit dans la conscience de chaque
être ; il est vivant et présent en nous[1].

Une telle définition de Dieu équivaut, il est vrai, à
la négation du Dieu classique, et l'on a pu reprocher
au philosophe qui la propose de garder le nom, quand
il modifie le sens du concept profondément. Mais le
mot est commode et rend saisissable une vérité nécessaire, dont la critique dépasse la portée d'esprit des
foules. Cette idée d'un Dieu âme du monde est non moins
apte que l'idée d'un Dieu personnel à remplir l'office
explicatif qu'on lui demande ; son office moral reste le
même, car si les lois de l'univers sont, pour notre raison, l'unique témoignage de Dieu, l'homme reste dans
la dépendance de ces lois et dans l'obligation étroite
de s'y conformer.

Nos connaissances, écrit un autre savant[2], nous
obligent à admettre un pouvoir vraiment divin, qui se
révèle partout en chaque atome du monde, mais n'ap-

(1) Paul Carus, *The Soul of man*, ouvr. précité.
(2) August Forel, *Gehirn und Seele* (Leipzig, Vogel, 1894). —
L'harmonie des éléments biologiques, le plan, a-t-on dit aussi,
ne dépend pas de l'évolution, celle-ci part de variations qui
s'accomplissent selon une idée organique et ne s'expliquent pas.

paraît jamais comme un *Deus ex machinâ* personnel,
qui est tout ensemble l'univers, régit l'univers, représente la conscience de l'univers, et dont l'homme, qui
en est une partie infime et isolée, ne devrait pas avoir
la témérité et la folle ambition de déterminer l'essence,
les lois fondamentales et les desseins.

Ainsi la philosophie rétablit en quelque façon l'idée
qu'elle ruinait. Le dieu anthropomorphique est mort ;
le mot même a vieilli : il sonne faux à nos oreilles
comme celui de Jupiter sonnait déjà faux à l'oreille des
philosophes de l'antiquité. La notion du divin persiste
cependant, dégagée de toute fabulation puérile. Le divin
qu'on entend ne signifie plus que les principes ou lois
de toute existence ; il est l'expression symbolique des
phénomènes de l'univers, tel que le génie humain en
construit la synthèse avec ce qu'il sait ou pourra savoir
encore [1].

IV

Au point de vue moral, et c'est la seconde question,
le Dieu des théologies est le dispensateur de la justice,
le correcteur des iniquités humaines. Le Chrétien se
confie en ce juge suprême dont les commandements
auront en une autre vie leur sanction, qui est faillible
et ne semble pas même être nécessaire en la vie pré-

[1] « Si on cherche, écrit M. Goblet d'Alviella, ce que la critique moderne n'a pu ébranler dans le domaine du supra-sen-
sible, on ne trouve guère que les quatre « axiomes suivants :
1° l'existence positive d'une réalité transcendante qui se révèle
dans la conscience, mais qui dépasse toute définition ; 2° notre
état constant de dépendance à l'égard de cette réalité, en qui
nous vivons, nous nous mouvons et nous sommes ; 3° la certitude qu'elle manifeste son action par des lois fixes et générales ;

sente. Il renonce à réaliser ici-bas son idéal ; il s'en
remet pour toutes choses à la sagesse et à la bonté de
son créateur. Sa morale est surtout passive, individuelle en quelque sorte, car elle n'envisage guère la
société, l'humanité, elle ne vise que le salut des âmes
et la perfection des personnes. Cette morale ne châtie
pas l'ignorance ; elle ne fait pas un devoir du savoir et
de l'action, et laisse ainsi à la charge du suprême dispensateur des biens et des maux la lourde somme des
fatalités naturelles, que la seule pratique des vertus
chrétiennes ne peut conjurer.

Si beaux que soient les préceptes de cette morale, et
si grands les services qu'elle a rendus, elle correspond
néanmoins à un état de civilisation qui n'est plus le
nôtre ; elle ne s'applique pas exactement à tous les faits
de notre vie sociale, et son esprit n'a jamais peut-être
convenu tout à fait, ainsi qu'en témoignent bien des
dictons populaires qui la corrigent [1], au génie de nos
races fortes et laborieuses. Son impuissance pratique
apparaît chaque jour avec les changements qui s'accomplissent dans le monde : trop de conditions s'interpo-
sent entre les maximes générales où elle se tient et les
questions précises de la vie réelle. C'est d'ailleurs le
sort de toutes les disciplines religieuses. Toujours puissantes par celles de leurs formules qui sont fondées sur
l'observation profonde de la nature humaine et s'appliquent aux besoins élémentaires et constants des socié-

4° un lien quelconque entre cette action et la tendance qui nous
porte à faire le bien » M. G. d'A. n'exclut pas l'immortalité de
l'âme, qui demeure *possible* ; il admet un but mystérieux vers
lequel converge toute l'économie de l'univers (Goblet d'Alviella,
l'Evolution religieuse contemporaine. Paris, G. Baillière, 1884).

(1) Aide-toi, le ciel t'aidera ; — Ne t'y fie mie, naige toujours, etc., etc.

tés, elles correspondent cependant à un ancien état
d'esprit ; elles ne sauraient apporter des règles suffi-
santes ou inspirer même le sentiment convenable à des
situations qu'elles ignorent et qui se produisent au
cours de l'histoire.

En résumé, quand nous examinons leur théorie, les
morales religieuses nous semblent donner aux idées
ou aux faits de la morale, l'obligation, le devoir, la
sanction, un sens qui ne se justifie point dans une conception scientifique du monde. Nous en sommes venus,
je l'ai montré plus haut, à envisager autrement le
mécanisme de la vie et les relations de la moralité,
d'une part avec la nature humaine, d'autre part avec
l'existence sociale. L'homme d'aujourd'hui ne s'attend
qu'à soi seul, il ne compte pas sur l'intervention
arbitraire d'une puissance cachée. Il sait qu'il n'est
plus un « monstre » dans la nature, qu'il lui appartient de la connaître pour lui obéir et se servir
d'elle. La moralité lui est un instrument nécessaire,
comme l'est aussi la connaissance. Se tromper et mal
faire deviennent choses, pour lui, équivalentes, en
regard des résultats ; il a l'obligation de savoir autant
que de bien agir, son action sociale n'est vraiment ce
qu'elle doit être que dans la mesure où il sait et se
conforme à ce qu'il sait. Solidaire qu'il est des actions
d'autrui, il apprend à ne pas séparer le bien individuel
du bien collectif ; mais il tend constamment à réformer
l'organisme social, où il trouve un moyen puissant et
efficace de gagner l'empire sur les choses et d'amélio-
rer son propre sort. Séduit enfin à l'idéal chaque jour
plus clair, quoique lentement réalisé, d'une vie moins
imparfaite, il a conscience de jouer un rôle dans les
destinées de l'univers et d'y avoir sa minime part de

création, sans pouvoir d'ailleurs définir encore, ni jamais peut-être, la raison et le terme de cette évolution.

Dans nos théologies, la question de l'âme et celle de Dieu ne se peuvent disjoindre. Le système moral croule en entier, si l'au-delà manque à l'homme, si l'individu matériel, ou son noyau conscient, n'y trouve pas le châtiment ou la récompense. Une grande école philosophique[1] a fait du postulat de l'immortalité une pièce non moins indispensable à sa morale que l'existence de Dieu. Il n'importe pas cependant, à notre conception morale du monde, que la science refuse ou accorde l'immortalité. Que nous acceptions ou non la persistance du moi, des fonctions qui constituent la personne, l'idée de nécessité, ou de loi, demeure entière. L'homme se tient pour obligé à créer de la justice, en vertu même de l'ordre du monde, qui est l'équivalent de l'ordre divin. Il sait qu'il vit dans la dépendance de cet ordre et qu'il y participe de quelque manière. Irréligieux ou athée, son expérience sur ce point ne varie pas. Nos doctrines passent, mais les conditions de la vie demeurent. La philosophie scientifique reconstruit la religion en la niant ; elle la continue en la faisant autre. Elle est une religion, comme toutes les religions sont aussi une philosophie ; les traits qui les distinguent ont une importance bien secondaire, quand on fixe ses regards sur l'évolution universelle, dont nos diverses théories ne figurent jamais que la conscience actuelle et fuyante que nous en avons.

(1) Le criticisme et le néo-criticisme, dont j'ai nommé plus haut les maîtres.

CHAPITRE IV

RELIGION ET SCIENCE

I

On poursuit aujourd'hui, aux États-Unis et ailleurs,
la conciliation de la science avec la religion. Que vaut
cette tentative ? Est-ce d'un accord ou d'une exclusion
qu'il faut parler ?

J'ai essayé plus haut de mettre en lumière les deux
idées qui me paraissent vraiment essentielles à toute
religion, et j'ai montré que l'ordre même du monde
comporte la justice dans le monde. L'effort constant
des hommes à atteindre les formes élevées de la vie
sociale est une conséquence nécessaire et un aspect
nouveau de l'économie de l'univers : les tendances
morales des êtres vivants affectent une signification
qui dépasse les besoins immédiats de la concurrence
biologique.

Ce sont là, à vrai dire, des faits d'observation
ancienne et de philosophie vulgaire. Les religions n'ont
pu que les traduire à leur façon et les codifier pour le
bien des sociétés. Il serait inutile d'accuser maintenant
la caducité de leurs doctrines. La science en a ruiné
les fondements. Chercher à définir ce que serait une
religion de la science, c'est montrer d'abord comment

elle différera des disciplines qu'elle est appelée à remplacer.

Toute religion positive veut être une connaissance ; mais la science est une autre connaissance. La première a pour unique instrument sa révélation et pour contrôle la foi. Les instruments de la seconde sont le calcul, l'expérience, le raisonnement : elle n'accepte de maîtres que les faits, la nécessité des lois du monde.

Toute religion supérieure veut être une morale. Mais la théorie scientifique de la morale est différente des doctrines religieuses, bien qu'elles s'accordent ensemble sur les principes généraux de la moralité : ces principes mêmes se déduisent de la commune pratique de la vie, d'une sorte de science élémentaire, incorporée aux codes religieux depuis la plus haute antiquité.

Les religions finissent toujours par fixer leur dogme et borner ainsi la recherche de la vérité. La curiosité du savoir n'a point de limites. La science faite est le noyau de celle qui se fera.

Voilà déjà bien des contrastes, quant au fond des choses et à la méthode. Ils ne sont pas moindres si nous regardons à l'office social des religions, que continuerait la religion de la science.

II

L'homme, on ne saurait assez le dire, est un être social ; tous ses sentiments sont relatifs à la société, ils n'ont de sens et de valeur que par elle. Une religion représente donc, à cet égard, un ensemble d'habitudes, de croyances et de sentiments communs à une société d'hommes; elle est une des formes sous lesquelles l'être collectif se manifeste.

Mais les religions historiques sont diverses. Elles restent des révélations locales, des systèmes propres à une époque, à un pays. Fondées qu'elles sont sur l'enseignement d'un chef politique ou d'un sage en qui s'est incarné le génie d'un peuple et qu'on accepte pour divin médiateur, elles correspondent au passé d'une nation particulière et conviennent à un moment défini de l'histoire. Alors même qu'une discipline religieuse affecte par la suite un caractère d'universalité, elle conserve pourtant sa marque d'origine, et, parce qu'on a toujours affaire à un *Credo* qui se refuse à la critique, il arrive que les religions engendrent des conflits inévitables. Mises en présence l'une de l'autre, elles opposent doctrine à doctrine, race à race. Si elles réalisent l'union entre leurs croyants, elles apportent la guerre aux croyants des autres fois. Elles ne se pourraient accorder ensemble qu'en cessant d'être ce qu'elles sont; leur conciliation marquerait leur anéantissement. La tolérance même où elles viennent signifie le plus souvent leur impuissance et leur doute de pouvoir vaincre; elles se montrent accommodantes dans la mesure où elles se sentent faibles et menacées.

La science, au contraire, est nécessairement une. Il ne peut y avoir qu'une astronomie, une physique, une physiologie. L'esprit scientifique ne se fige pas en des dogmes; il demande la vérité aux faits eux-mêmes, non à l'opinion des individus. La réaction singulière où l'on verse aujourd'hui ne retranchera rien à la somme des connaissances acquises. On peut hésiter sur les hypothèses dernières des religions, infirmer ou valider certaines inductions métaphysiques. Nous savons du moins que les vérités nécessaires à la pratique de la vie ne changent point, et que les croyances vraiment positives sont universelles.

La religion de la science serait une, comme la science même. Ce n'est pourtant pas de la conciliation des doctrines adverses, ni de leur impossible fusion, qu'elle sortira jamais. On n'y viendra que par l'abandon des systèmes de révélation et de foi. Affirmer et contredire n'est pas démontrer ; mais celui qui tente de prouver sa foi, déjà ne s'y confie plus : il en appelle à la raison humaine, à ses instruments, à sa critique. Et c'est là un acheminement à la méthode des sciences, qui exclut celle des théologies. Les réserves mentales ou expresses de leurs fidèles ne les sauvent point de cet écueil. Accepter le débat, c'est se soumettre, c'est avouer que la preuve qu'on demande est hors des livres et du sentiment des individus, qu'elle est dans les faits, et qu'il faut la chercher seulement là.

Le progrès religieux, c'est-à-dire l'unité de la croyance sur un fondement scientifique, ne s'accomplirait donc que par la ruine des religions particulières. Ce qui les distingue et les fait originales, ce sont leurs erreurs mêmes ; elles cesseront d'être en reconnaissant les vérités qui leur sont communes : car ces vérités, elles n'ont pas le moyen de les établir avec leurs propres ressources. On est homme de croyance ou de science, non pas précisément par la doctrine que l'on suit, mais par la méthode que l'on pratique. La foi accepte les enseignements les plus divers ; mais le raisonnement et l'observation conduisent à des vérités essentielles, qui sont les mêmes pour tous les hommes et dans tous les temps.

III

Une religion de la science serait-elle bien cependant une véritable religion? Oui, sans doute, en ce sens du moins que toute religion est une philosophie qui aboutit à une éducation morale. Non, au contraire, si l'on veut que toute doctrine religieuse soit en quelque sorte une sur-philosophie, sans nulle garantie dans la réalité des choses, une philosophie qui raconterait le monde comme elle l'imagine, sous le vain prétexte que la science ne l'explique pas en le racontant comme elle le sait. Il suffit d'ailleurs qu'une doctrine générale alimente et inspire la sagesse humaine, pour en attendre le même office social que les religions du passé avaient rempli.

On perdrait sa peine à déplorer leur affaiblissement, à regretter le pouvoir qui leur échappe. La perte des vieilles croyances est visible ; elle se produit par le contact des diverses classes sociales, à l'école, au régiment et dans les affaires ; leur usure est la conséquence de l'évolution de la pensée, qui s'accomplit dans tous les milieux et a pénétré les clergés mêmes. Il ne restera bientôt plus de l'antique discipline religieuse que des habitudes et des rites, une forme sans le fond. Dans nos cités, et jusque dans nos campagnes [1], le catholicisme a cessé de conquérir et de s'imposer ; il se retranche et il se défend.

On pourrait invoquer en sa faveur le besoin d'une

(1) Voyez, par ex., *la Terre Angevine*, de M. Auguste Vincent, in *Revue Angevine*, 1ᵉʳ août 1896 (2ᵉ année, n° 19).

doctrine absolue, impérative ; on le ferait plus justement encore pour la foi de l'Islam, qui n'a point tant d'obscurités et se laisse recevoir très facilement des esprits simples. Les lois générales des sciences, je veux dire les formules qui nous servent à classer les faits et en représentent les relations constantes, sont plus intelligibles, à coup sûr, que les mystères ; l'homme le plus humble en éprouve à chaque pas la solidité. Mais les religions ont un objet d'adoration, qui est Dieu ; elles conçoivent l'âme et sa destinée sous une figure précise et professent un enseignement dont l'efficacité n'est pas niable, aussi longtemps que le doute ne l'entame point. La philosophie ne saurait offrir encore, en ces matières, des affirmations aussi expresses. Et c'est là son défaut dans la pratique. Mais ce défaut est largement compensé par un meilleur avantage. La philosophie se corrige par le doute qui mine sourdement les religions de foi ; elle se complète et se fortifie par la discussion qui les détruit.

Les croyants ne se résigneront pas sans peine à concevoir un ordre du monde qui signifierait une nécessité immanente dans les choses ; un Dieu qui n'est pas taillé sur le patron de l'homme, toujours borné autant qu'on l'agrandisse, dont nous ne pouvons pas dire comment il serait une personnalité consciente, volontaire ou située en un lieu, et qui demeure le principe le plus général de la réalité abstraite ; une immortalité dont les seuls instruments seraient les œuvres de l'individu, c'est-à-dire la filiation du sang et de l'esprit ; une morale qui ne se réduit plus à quelques formules prohibitives, mais vise l'emploi de toutes nos énergies ; une justice, enfin, que l'homme aurait la charge de créer lui-même par sa soumission aux lois de l'univers

et grâce à l'empire qu'elles lui assurent quand il les
comprend. Si pourtant l'on y regarde de près, ces
notions sont les équivalents possibles des notions religieuses. Pour qui les reçoit, elles ont pareille vertu.
Leur intelligence suppose, il est vrai, une mentalité
plus haute, car elles sont dépouillées de cet appareil
mythologique, de cette fabulation merveilleuse où
furent séduites les imaginations naïves, et cette considération nous avertit que nous avons à compter avec
le temps, avec le génie propre des races et des individus. Mais notre ambition n'est pas vaine de donner
aux peuples modernes un catéchisme nouveau, capable
d'offrir à la volonté humaine le soutien ferme qu'elle
réclamera toujours.

C'est justement ici le point délicat d'une éducation
publique. Nous en examinerons tout à l'heure les difficultés, après avoir éprouvé la valeur du sentiment
qui doit correspondre à une vue scientifique de l'univers.

CHAPITRE V

LE SENTIMENT RELIGIEUX

I

Le sentiment religieux, nous l'avons dit, n'est pas primitif et simple, mais complexe et dérivé. On est religieux avec sa peur, avec son amour et son désir du beau, avec son intelligence; on n'est jamais *religieux* tout simplement. Il n'importe guère de discuter, avec le poète, si les croyances confuses de l'homme sauvage sont nées de ses terreurs ; une fois ébauchées dans son cerveau, elles ont influé sur ses émotions, en même temps qu'elles en tiraient leur nourriture. L'émotion reste le vrai fond, l'élément actif de la religion; mais l'état de la connaissance détermine aussi l'état du sentiment, et la couleur du sentiment religieux, si j'ose dire, dépend toujours de l'idée que l'homme se fait du monde, de la figure qu'il prête à ses dieux, aux esprits bienfaisants ou malfaisants dont il peuple la terre et le ciel.

Je ne rappellerai pas les conceptions bizarres des premiers âges ni les pratiques étranges qui en découlaient. Ce qui nous intéresse surtout ici, c'est l'analyse du sentiment qui les accompagne, tel qu'il apparaît, épuré ou transformé, dans nos religions actuelles.

Les individus qui professent ces religions et se cou-
doient dans les mêmes temples ne sont pas tous parvenus, il s'en faut bien, à un même niveau. Leur état
sentimental varie avec leur état de pensée et selon le
caractère de leur croyance. Il est bien des façons d'être
chrétien, bouddhiste et musulman. La gamme s'étend
du plus grossier fétichisme à la métaphysique la plus
abstraite.

Au plus bas degré, le sentiment religieux n'enferme
guère que des émotions égoïstes, purement défensi-
ves : le croyant éprouve devant son Dieu le sentiment
de l'esclave devant son maitre ; il en a les prières men-
teuses et la servile humilité. Sa religion ne s'élève à un
état supérieur que par l'apport des émotions sympa-
thiques. L'homme pieux montre alors cette révérence
filiale, et mêlée de crainte, de l'enfant en présence d'un
père sévère, du protégé vis-à-vis de son protecteur ; son
respect emprunte aussi quelque chose de l'amour, et la
tendresse qui est dans la piété peut aller jusqu'à l'exal-
tation, aux effusions ardentes et sensuelles du mysticisme. Mais, quand les émotions intellectuelles prennent enfin un rôle prépondérant, l'homme arrive à ce
sentiment du divin qui est fait d'un profond désir de
beauté, de vérité : il considère la nature avec les yeux
de l'artiste et du poète ; ou bien il s'abime dans une
contemplation sereine, qui est celle du savant admi-
rant le monde qui se peint dans sa pensée comme le
reflet magnifique d'une souveraine intelligence.

Ainsi l'idée que les Chrétiens se font du gouvernement providentiel de l'univers imprime à leur sentiment religieux un cachet spécial. L'émotion de crainte
et d'amour ne saurait exister à un égal degré pour
celui qui ne personnifie pas son Dieu et ne le mêle pas

à sa vie : alors cependant elle s'adresse aux médiateurs divinisés, un Zoroastre, un Bouddha, un Jésus, un Mahomet. Elle est moins vive encore dans l'âme du philosophe déiste qui réduit Dieu à une pure entité métaphysique. Il ne peut plus imaginer les rapports de ce Dieu abstrait avec ses créatures sur le modèle des relations humaines, ni accepter aucune médiation positive. Dès que s'évanouit le « Dieu vivant » du Musulman et du Chrétien, la passion religieuse s'affaiblit, se décolore ; le déisme bâtard se traduit en une religiosité vague et froide, où la robuste foi primitive ne se reconnaît pas sans ses épouvantes, ses transports et ses espoirs.

Il n'est point de croyance cependant qui n'ait son expression dans la vie sentimentale. Toute doctrine du monde et de la vie a sa *répercussion* nécessaire en l'âme humaine ; elle y provoque un certain état, souvent difficile à préciser, et ce qu'on appelle le sentiment religieux est parfois si voisin du sentiment esthétique, que plusieurs ont pensé que l'art suffit à remplacer la religion. Mais l'art ne prétend jamais qu'à l'émotion, et la religion veut être aussi une connaissance. On ne saurait donc confondre l'émotion spéciale et désintéressée de l'artiste avec celle de l'homme qui regarde l'univers à la lumière de sa foi ou de sa philosophie, afin d'y trouver la règle suprême de l'existence. Cette philosophie fût-elle irréligieuse, elle aura toujours son écho en nos entrailles ; elle intéressera de quelque manière notre vie poétique, notre santé morale, notre volonté. Si l'état de sentiment qui lui correspond n'est vraiment plus l'état religieux des âges d'ignorance, il garde néanmoins sa qualité, son utilité pratique.

II

L'homme a acquis un pouvoir sur la nature, que ne
soupçonnaient pas nos pères il y a peu de siècles encore.
La science même dont il dispose aujourd'hui n'est que
le moyen de la science future. Pratiquement, sa puissance a des limites ; sa pensée n'en reconnait plus. Il a
chassé des carrefours les mauvais génies que la vieille
ignorance y embusquait ; des fatalités de la nature, per-
sonnifiées en des êtres redoutables, il a fait ses bons
génies, prêts à le servir, et des lois physiques qui
l'écrasaient les lois qui le sauvent. Le hasard et le
caprice sont sortis du monde, où il ne reste que la
tranquille régularité des choses : un mécanisme, dont
nous expliquons le jeu, et sous ce mécanisme l'intelligence, que la pensée humaine affirme autant qu'elle y
participe, mais qu'elle est impuissante à situer hors de
soi-même et à définir sous une autre forme d'existence
que la réalité logique.

L'homme, il est vrai, demeure dépendant, comme la
partie l'est à l'ensemble. Mais il connaît les conditions
de cette dépendance ; il les règle ou les prévoit, ce
qui est encore une façon de les vaincre. Son angoisse
même devant la souffrance et la mort, ses méditations
poignantes sur la destinée des êtres, ne s'aggravent
plus de monstrueuses terreurs. Il n'existe point, entre
les lois du monde et la créature, de fausses divinités
qu'il doive implorer et fléchir. Sa science est de la
prière ; son action, de l'espérance. « Ce n'est pas la
balle qui tue, c'est la destinée [1] », dit l'Arabe du désert.

(1) Je recueille ce proverbe dans un beau livre, on pourrait

L'homme moderne a la certitude et l'énergie de ce fatalisme ; mais il pénètre les lois qui font le destin, et s'instruit sur elles. Si notre vie est traversée par la fortune, elle est gouvernée par notre industrie et par notre caractère.

Quelques âmes religieuses, quoique tournées vers l'égoïsme du salut où vise uniquement le croyant vulgaire, ont traduit leur amour de Dieu en amour sincère des créatures. De même la sympathie naturelle de l'homme peut donner vigueur et chaleur à son idéal scientifique. Cet idéal s'exprime toujours, à la fin, en action sur les choses et pour le bien de l'espèce. Et ce bien est assez souvent voulu, pour ne pas railler l'amour de l'humanité comme une chimère.

En fait de sentiments, d'ailleurs, on pourrait dire que rien ne se crée ni ne se perd. Les mêmes émotions vivent toujours en nous. L'âme humaine ne s'appauvrit point ; mais elle règle et dépense plus utilement son énergie. Lorsque, nous appuyant sur la masse des connaissances acquises, nous réfléchissons aux relations de la pensée humaine avec le rythme général de l'univers, à cette faculté que nous avons de réduire la nature à une sorte d'optique intérieure ; quand nous observons cette évolution des besoins et des désirs qui a conduit les hommes à la vie sociale la plus riche, et concevons même un lien secret de notre destinée avec celle des êtres répandus à travers les mondes, une émotion puissante nous saisit. Qu'on la dise ou non religieuse, elle est féconde et nous porte à préparer une humanité meilleure.

dire une épopée, du général Daumas, *le Grand Désert* (Paris, Hachette).

III

Les sceptiques auront beau jeu d'opposer à cet idéal d'un âge meilleur les cruelles réalités du temps présent, à ces sentiments d'une élite d'hommes la brutalité des appétits. Nos sociétés modernes, si avancées quand nous regardons derrière nous, ne sont que les grossières ébauches d'une civilisation qui demeure possible. Nous vivons encore, à beaucoup d'égards, en pleine barbarie, et nos arrière-neveux jugeront l'époque actuelle pour aussi misérable que nous jugeons nous-mêmes les siècles de rénovation douloureuse et les pires décadences.

Que d'acquisitions morales et matérielles, dues à un peu plus de savoir, dont le bénéfice, malgré tout, n'est pas contestable ! Nos misères et nos vices relèvent, pour la plus grosse part, de notre ignorance. On est fondé à le dire, sans verser pour cela dans l'erreur intellectualiste qui attribue à la seule instruction, à la culture exclusive de l'esprit, le pouvoir de changer l'homme. Nous sommes toujours menés par nos passions. Cependant l'idée est aussi mère des actes. Si précaire que l'on estime le pouvoir de la raison, et quelque durée que l'on réclame pour en consolider les résultats dans la vie de l'espèce, il ne s'exerce pas moins d'une façon évidente. Une meilleure intelligence conduit à une meilleure action. Les progrès de la science, d'autre part, influent indirectement sur l'homme moral, parce qu'ils apportent dans les sociétés plus de bien-être et font servir ainsi le mécanisme de l'hérédité à l'amélioration des races.

Lorsque nous parlons, d'ailleurs, d'intelligence, ce n'est pas son emploi restreint qu'il faut entendre. Un savoir spécial fait le savant, la supériorité générale fait un homme. Savoir les livres doit aboutir à savoir la vie. La vraie science ne tient pas dans le bagage des cuistres ; elle signifie l'expérience humaine tout entière.

On accuse le pessimisme de notre fin de siècle. Le pessimisme de sentiment vient de plus loin : on y pourrait voir une forme aiguë de la pitié. Mais qu'est-ce que le pessimisme de doctrine, sinon la fermeture de l'action et du savoir? L'homme ne s'abandonne que par impuissance ; il ne maudit la vie qu'autant qu'il renonce à la rendre plus heureuse, qu'il n'espère point de justice sur la terre, et que ses médecins de l'âme crient à son oreille le « sauve qui peut » dans l'au-delà. Alors seulement, et quand l'aumône, ici-bas, est le dernier recours des malheureux, la menace d'une torture éternelle leur seul frein, les colères débridées n'ont plus de mesure, l'énergie native des créatures humaines se dévoie ou se détend. Faute d'un idéal réalisable, il ne reste que le désir de jouir ou la fatigue d'exister.

Telle pourtant n'est pas la vérité des choses. Que seraient devenues les sociétés, si la pratique même de la vie, ce premier et solide fondement de toute connaissance positive, cette communion de chaque heure avec les faits, n'avait corrigé sans cesse les erreurs des philosophes et des théologiens, si l'expérience n'avait fait durer « l'illusion » du progrès et la foi en la justice, si le génie naturel de l'homme n'avait orienté constamment sa pensée vers l'action et préservé en lui la sympathie qui est le ciment de toute existence sociale?

9.

CHAPITRE VI

L'ÉDUCATION ET LE CULTE

I

Les religions ont été dans le passé, elles sont encore dans le présent une fonction sociale. Un clergé en est l'organe, le culte et l'éducation morale en sont les formes.

L'existence d'un clergé distinct et composant une classe dans la nation n'est cependant pas indispensable. Le culte des ancêtres, en Chine, n'a pas de prêtres [1]; chaque chef de famille en tient l'emploi. L'Islam est aussi une religion sans clergé. « Tout musulman peut donner un nom à son enfant, conduire son père à sa dernière demeure et lire sur sa tombe les prières des morts. Dans la mosquée, il y a un desservant; mais ce desservant n'est pas membre d'un clergé, c'est un simple fonctionnaire salarié par les habitants du quartier ou payé sur les revenus de la mosquée. Tout musulman assez instruit pour réciter les prières, remplace le desservant. Celui-ci n'est pas un « clergyman ». Il n'y a point de prêtres dans l'Islamisme [2]. » Une des

(1) Voy. *Introduction*, p. 13.

(2) Savvas Pacha, *le Droit musulman expliqué*, etc., p. 123. (Paris, Marchal et Billard, 1896).

grosses questions de l'avenir se trouve ainsi résolue de fait dans la société musulmane, en vertu même du caractère profondément religieux de cette société.

La situation très différente du clergé, dans les pays protestants et catholiques, nous montre que l'exercice du culte chrétien reste variable aussi, en ce qui regarde l'organisation de l'autorité ecclésiastique et le caractère politique de ses pasteurs. Il apparaît donc assez claire- ment, sans entrer ici en des détails superflus, que la question du sacerdoce peut être réglée de plusieurs manières. Mais cette question sort, à vrai dire, de notre sujet, et je n'y ai touché que pour faire entrevoir la possibilité d'un arrangement nouveau.

Il en va de même pour le culte. Les cérémonies peuvent affecter la pompe extraordinaire du rite romain ou se trouver ramenées à la prière simple et grave des Musulmans. Il n'est pas jusqu'à la formalité de notre mariage civil qui ne garde encore, en sa sécheresse, l'aspect d'une cérémonie, dont quelques paroles d'un magistrat distingué rehaussent parfois singulièrement le caractère.

Selon une vue qui me semble juste [1], toute fonction sociale se transforme, sans que l'élément primitif dis- paraisse jamais entièrement. Ainsi, la connaissance religieuse ayant fait place à la connaissance scienti- fique, il subsisterait néanmoins une magistrature morale, une manière de culte, des cérémonies, où les peuples trouveraient l'équivalent de la poésie attachée aux anciens rites. Il serait oiseux de rechercher main- tenant quelle sorte d'organisation cérémonielle pour-

(1) Cette vue est de M. Ad. Coste, *Nouvel exposé d'économie politique et de physiologie sociale*, ch. xx, p. 394 (Paris, F. Alcan et Guillaumin, 1889).

rait convenir à un nouvel état de la pensée et du
sentiment des hommes. Ces créations-là se font spontanément et viennent à leur heure. L'école en devrait
offrir du moins la première ébauche. La tâche s'impose à nous d'y faire aboutir enfin l'enseignement à
une éducation ; il ne se peut pas que l'éducation morale
se partage longtemps encore entre des doctrines qui
s'excluent sur plusieurs points. Ce problème n'est pas
nouveau ; il a suscité de longues luttes dans les sociétés
modernes. Mais la solution où l'on s'est arrêté, en
général, n'est que temporaire et laisse voir déjà bien
des périls.

II

L'accroissement continuel des sciences, en dehors de
toute métaphysique, a conduit depuis longtemps à
créer un enseignement scientifique détaché de la religion et soupçonné bientôt de la contredire. L'émancipation de la philosophie a fait naître ensuite des doctrines dont l'opposition aux dogmes, cette fois, était
directe. Partout l'enseignement laïque est entré en
rivalité avec l'enseignement religieux. La contradiction
s'est implantée au cœur du savoir humain et menace
de fausser les principes mêmes de la conduite. Nous en
sommes venus à ce partage d'une instruction donnée
par l'État, qui exclurait l'éducation morale, et d'une
éducation laissée à l'Église, qui ne serait pas fondée
sur la science. Tout nécessaire qu'il est aujourd'hui,
ce compromis a des inconvénients graves. Il durera
aussi longtemps que les religions adverses garderont
un empire effectif ; mais il prendra fin à mesure que

l'unité des lois physiques et des lois morales s'imposera
invinciblement à la conscience des hommes.

L'école laïque, au moins en France, a commis la faute
de ne pas demeurer franchement neutre. Elle a voulu
écarter l'enseignement religieux, quand elle ne savait
pas le remplacer ou le corriger ; elle s'est guidée taci-
tement sur un scepticisme d'ordre inférieur, improductif et dangereux. De là son insuccès relatif, dont les
Rapports officiels portent témoignage. L'école religieuse
a donc gardé sur l'école laïque cet avantage d'être
essentiellement éducative, ce qui n'implique pas du
reste que son éducation soit celle dont nous avons
besoin. Il suffit, pour en juger, d'examiner les « manuels
d'instruction civique et morale » mis aux mains de nos
écoliers. Le clergé a tonné d'abord contre ces petits
livres ; il avait bien des raisons de s'alarmer, car ils ne
visent à rien de moins qu'à remplacer le catéchisme.
Mais comment le font-ils? Et qui dira, sans nier leurs
réels mérites, qu'ils y pourraient jamais suffire?

Le catéchisme comprend des devoirs généraux qui
concernent l'homme et des commandements particuliers
qui regardent le Chrétien. Nos manuels aspirent aussi
à former l'homme ; mais dans l'homme, d'abord, le
« petit Français ». Le patriotisme est légitime ; encore
faut-il se garder d'aucune exagération dans la culture
de ce noble sentiment et ne pas le tourner contre lui-
même [1]. Les écoles des autres nations européennes
poursuivent d'ailleurs la même fin, et leur notion de
l'homme moral est certainement plus étroite que celle

---

(1) On le fait, quand on fonde le patriotisme sur la vanité,
sur l'ignorance de ses propres défauts. Le chauvinisme a des
raisons enfantines qui conviennent mal à une forte éducation
civique.

de l'homme chrétien. Ce repliement de l'individu sur sa nationalité est un trait caractéristique de notre vieux monde en cette fin de siècle. Si les philosophes de l'*Encyclopédie* avaient imaginé d'écrire un catéchisme populaire, combien le ton en eût été différent ! C'est là un recul momentané sur la pensée du dix-huitième siècle. Il serait aisé d'en dire les raisons ; qu'il nous suffise à présent de le constater[1].

La portée des catéchismes, d'autre part, dépasse celle de nos manuels. Ils offrent une explication du monde, une vue de la destinée humaine, en un mot, une doctrine qui se boucle. Assurément, cette doctrine est inacceptable ; mais elle fait corps, tandis qu'une fâcheuse divergence d'idées s'accuse dans nos petits livres, où manque aussi toute conception d'ensemble. Certaines de leurs définitions sont erronées ; le déisme nominal qui s'y glisse parfois est stérile et pauvre. On n'a su tirer, ni des sciences physiques et biologiques, ni de l'histoire humaine, des leçons fermes et des vues un peu hautes. L'idéal reste court, la philosophie timide[2].

Il nous faut comprendre enfin que, sans l'éducation,

(1) Ainsi Fichte, par exemple, dans ses *Discours à la nation allemande*, se montra subitement converti, par les malheurs de l'Allemagne, du cosmopolitisme le plus large au patriotisme le plus exclusif.

(2) J'ai hâte d'ajouter que bien des petits contes écrits pour les enfants ou pour les adultes méritent la plus grande estime. Les *Contes du Petit Château*, de l'excellent et vénéré Jean Macé, vivront plus longtemps que les gros romans à la mode. — Les manuels français que j'ai visés ici sont ceux de MM. Paul Bert, Laloi, Henry Gréville, Compayré. Je loue l'effort des auteurs, tout en jugeant qu'ils ont, en partie, manqué le but. — L'absence d'une philosophie supérieure s'accuse également en un petit livre italien, qui n'en est pas moins un chef-d'œuvre, le *Cuori* de M. de Amicis, traduit en notre langue sous le titre de *Grands Cœurs*.

l'instruction est peu de chose, et que nulle éducation complète n'est possible sans une doctrine. Les esprits élevés sauront toujours retirer de leur science ou de leur expérience une règle de vie supérieure. Mais ces esprits-là sont l'exception. C'est à la masse des hommes que nous devons songer. Il est imprudent, il est coupable de ne les pas munir d'une telle règle, et de fabriquer l'ouvrier d'une fourmilière sans viser à créer « l'homme ». Nous le pouvons cependant, et les modestes conclusions de ce travail offriraient sans doute un fond favorable où jeter l'ancre. L'école populaire ment à sa destination, si elle n'a pas de philosophie. Et la philosophie, pour arriver à l'enfant, pour entrer dans toutes les cervelles, doit se faire vivante et facile, j'oserais dire colorée et poétique. La facilité n'est que la clarté, et la poésie sort de la vérité même.

III

Des écrivains contemporains ont conclu de leurs études à l'état « areligieux » et « amoral » des sociétés futures, pour me servir de ces néologismes. S'ils veulent dire par là que les sociétés se dégageront des erreurs, des préjugés des religions particulières et des morales imparfaites, j'accepte volontiers leur manière de voir ; mais je réprouve l'expression fâcheuse dont ils ont introduit l'usage, car elle provoque aussitôt des malentendus.

Les sectaires ne manquent pas de compléter logiquement « l'areligion » et « l'amoralité » par l'anarchie, c'est-à-dire par la négation de toute autorité sociale, de tout frein, en quelque ordre d'action que ce puisse être [1]. Les trois termes sont assez exactement synonymes. Si les philosophes de profession, exercés à l'analyse, se meuvent à l'aise dans leur dialectique et savent plier leur doctrine aux circonstances, les meneurs, qui sont des simples ou des violents, ignorent ces subtilités : ils traduisent spontanément un idéal trouble ou indécis en réalité visible et tangible. La passion a sa logique, qui va droit au fait ; elle brûle les étapes que se ménageait, sur le papier, le sociologue de cabinet.

Ce qu'on peut affirmer, c'est que les sociétés modernes tendent à constituer l'unité de religion, de morale et de gouvernement. Elles s'acheminent à concevoir le monde et la vie d'une manière plus rationnelle, en sorte que l'accord des sentiments et des volontés s'établisse pour les grandes choses et que les débats entre les nations ou les classes d'individus se réduisent aux petites. Ce progrès ne peut être méconnu. Il se manifeste par une communauté d'idées qui naît forcément d'une même foi scientifique, par les relations croissantes d'intérêts entre les peuples, que la guerre ralentit à peine et qui travaillent sans nul doute à l'écarter. Nos temps troublés annoncent un meilleur lendemain ; on ne se fatigue pas d'espérer une politique plus sage, une moralité moins défectueuse. Cependant la promesse d'un état social où la régularité des fonctions trouverait une garantie suffi-

---

(1) Le titre des ouvrages du regretté Guyau (*Esquisse d'une morale sans obligation ni sanction*, *l'Irréligion de l'avenir*) leur a valu un succès, auquel il ne prétendait point, dans le parti anarchiste. M. de Roberty (*le Bien et le Mal*), faute d'expliquer assez clairement ce qu'il entend par « l'amoralité bienfaisante de demain », risque aussi de prêter à l'équivoque.

sante dans la liberté des individus, enferme une erreur des plus funestes. Les théoriciens de la liberté sans règle et du droit sans mesure ne tiennent nul compte, en leurs raisonnements, de l'état réel des choses ; ils négligent les différences caractéristiques des races, des sexes, des catégories professionnelles ; ils abrogent d'un trait de plume les conditions permanentes ou transitoires auxquelles est subordonnée l'évolution des sociétés humaines.

Alors même que notre confiance en l'avenir serait illimitée, nous devons préserver avec soin l'enseignement populaire de conceptions semblables. Elles exigent, pour être comprises, une rare qualité de critique. Beaucoup de cerveaux ne sont même pas capables de recevoir une instruction élémentaire, et le système d'école qui ne se guiderait pas sur la sélection de la nature aurait pour conséquence une éducation à rebours, destructive de tous les liens sociaux. Mais nous touchons ici à des conditions générales, sans l'intelligence desquelles on fausse et ruine par avance l'idéal qu'on se proposait d'atteindre.

CHAPITRE VII

QUESTIONS PARTICULIÈRES

I

Les hommes de sentiment, qui sont aussi des logiciens à outrance, invoquent des principes absolus pour résoudre les questions les plus diverses, en économie, en éducation, en politique. Ils prennent conseil de leurs désirs plus que des réalités ; ils imaginent et argumentent plutôt qu'ils n'observent. Les hommes de réflexion, au contraire, ont la défiance des formules toutes faites ; ils ne proposent point des réformes sans voir les conditions que l'histoire ou la nature imposent.

Quelques orateurs chrétiens, cherchant dans la foi un moyen de conciliation, ont abordé, à leur tour, les problèmes sociaux. Ils ne veulent pas que l'Église s'en désintéresse, et leur prédication socialiste vise en somme à redonner au Christianisme vieillissant la clientèle qu'il avait trouvée à ses débuts. Mais leur tentative est aussi un aveu que les maximes larges ne suffisent point dans les cas particuliers ; elle les ramène de force sur le terrain commun de l'expérience. Ce n'est pas assez d'affirmer l'amour et la justice. Il s'agit de décider, dans la pratique, ce qui est vraiment juste et comment s'emploiera la sympathie humaine ; faute de quoi toute règle morale reste en l'air, tout essai d'institution avorte.

A quelque degré que l'on se flatte d'élever l'espèce humaine, il est des faits généraux qu'on ne saurait perdre de vue. Le progrès s'obtient par une sorte de compromis perpétuel entre l'état de choses qui était hier et celui qui sera demain. La solution des questions sociales, pour devenir effective, doit satisfaire à certaines données provisoires ou constantes. Et celles-ci dominent, à mon sens, tous les problèmes : je veux dire les inégalités, les différences profondes existant entre les races, les sexes, les classes politiques et les individus. Si les partis conservateurs ont le tort d'appuyer les anciens abus sur ce principe, les partis révolutionnaires nous préparent de nouvelles et pires injustices quand ils le refusent. La pratique corrige sans doute, plus ou moins, les erreurs de la théorie ; ces erreurs, pourtant, ne laissent pas que d'être pour une nation la source d'irréparables dommages.

II

Prenons, par exemple, la question féministe. Le plus souvent, on la pose mal ; on la tranche dans le vide. Au fond, il n'importe guère de savoir si les femmes sont aptes comme les hommes à plaider devant des juges ou à pratiquer une opération chirurgicale ; il n'importe même pas de décider si le sexe féminin est inférieur au masculin, s'il lui est égal ou équivalent. Non, le problème consiste uniquement à déterminer la fonction sociale de la femme, correspondant à sa fonc-

tion biologique. On peut rejeter sur ce point la solution empirique de l'histoire ; mais on ne saurait la
négliger. Comment serait-on fondé à soutenir que
l'évolution, en ce qui regarde l'un des sexes, a été
artificielle en tous les lieux et depuis le commencement des temps ? Il convient que la femme bénéficie
de l'avancement général de l'espèce, et il serait injuste
de dire qu'elle n'en a pas déjà largement profité.
N'oublions pas toutefois que l'évolution n'aboutira
jamais à intervertir les rôles des sexes, à faire que
des organismes qui sont physiologiquement distincts
deviennent les mêmes ; et cette distinction organique
emportera toujours des conséquences auxquelles nul
législateur ne peut rien changer.

Ce qui adviendra dans les sociétés futures, il est
malaisé de le prévoir ; nous pouvons prédire au moins
que les lois naturelles ne cesseront jamais de corriger
les lois humaines qui iraient à leur encontre. La question n'est pas, je le répète, de disputer sur des supériorités vaines, pour exclure la femme de tous droits
ou la dispenser de tous devoirs, mais de définir en
quelles limites et en quelles conditions il serait profi-
table à la société et aux femmes elles-mêmes d'étendre
la sphère où leur action s'est exercée jusqu'ici. La
solution de ce problème ne doit être cherchée ni
dans des principes absolus, ni dans des arguments
qui se fondent sur des cas exceptionnels ; elle doit être
relative au milieu social, à la race, en un mot, au
temps et au pays dont on parle.

La femme des pays latins ne pourrait être d'emblée
assimilée à la femme anglo-saxonne, à la femme américaine surtout. La femme musulmane est plus éloignée
encore de cette dernière. Nos querelles sont étrangères

à l'Orient, où le célibat est inconnu, où la femme n'est pas autant destituée de secours que dans les nations chrétiennes. Les mœurs et les lois ont aussi leur puissance, qui s'use, mais qu'on ne brise pas. La destinée de la femme, et d'abord sa situation dans le mariage, tiennent au fond même d'une civilisation et ne se modifient point sans que la société entière y participe.

Il ne faudrait pas songer, en définitive, à régler la question féministe d'une manière uniforme et absolue, sans avoir égard aux circonstances. Toute législation nouvelle serait illusoire, n'étant pas établie sur cette vérité première que la femme est autre que l'homme, spécialement et supérieurement organisée pour sa fonction de mère et conservatrice de l'espèce[1].

III

Les questions comprises sous le mot vague de socialisme sont trop complexes pour les aborder ici. Les socialistes militants, à l'ordinaire, sautent par-dessus les difficultés. Ils ne veulent pas voir les changements favorables, les institutions plus larges qui naissent sans cesse des besoins des hommes et des relations entre les peuples ; ils en appellent à une révolution qu'ils pensent avoir la vertu de diriger, et dédaignent les solutions partielles et approchées, qui seules donnent des résultats sérieux.

Le socialisme part d'un idéal de justice ; mais il perd la justice en ses applications. Comment se réclamerait-

(1) La prostitution, la séduction, l'adultère accusent assez d'ailleurs, en ce qui concerne les rapports des sexes, les vices de notre éducation et de nos lois.

on de la maxime : « A chacun selon ses œuvres », sans
tenir compte de la valeur différente des produits et des
individus ? Comment mesurer cette valeur par les
« heures de travail », en vue d'une égalité chimérique
des personnes avec Proudhon, des salaires avec Marx ?
Comment ne pas voir enfin que l'avènement d'un état
meilleur se subordonne à la solidarité qui lie entre elles
les personnes et les nations ? La solidarité est un fait,
avant d'être un sentiment ou une doctrine ; elle est une
nécessité, qu'il faut avoir comprise pour en faire sortir
le bien au lieu du mal. Ce que les ignorants appellent
l'injustice économique, c'est l'incidence brutale de ces
causes si diverses, qui sont l'habitat, la population
et les débouchés, les qualités et les besoins, l'état politique, l'inégal degré de moralité et de connaissance
dans les groupes sociaux. Le mépris de ces conditions
ne donne pas le moyen de les calculer ; elle ne les supprime point et conduirait à une situation plus cruelle
encore.

Un pareil mépris se déclare dans la plupart des rêveries politiques. Les démocraties n'acceptent pas volontiers les inégalités naturelles. Vainement elles essaient
de courber les hautes tailles sous leur niveau factice.
On ne peut faire fond que sur les hommes de tête et de
caractère : ils seront toujours les conducteurs du troupeau. Le progrès général ne tend pas à produire la
parité des individus ; il accuse plutôt les différences et
fait valoir les supériorités.

Les révolutions économiques et politiques s'expri-
maient dans le passé par la guerre des classes. Elles
prennent aujourd'hui la forme d'une compétition res-
treinte à des personnes ou à des groupes peu étendus.
Cette compétition incessante amène bien des misères ;

elle offre pourtant l'avantage d'affaiblir les chocs et de faire porter la lutte sur de petites quantités. Ainsi l'on a établi ce genre de sélection périodique par lequel se constituent nos assemblées délibérantes, nos conseils industriels, nos syndicats de patrons et d'ouvriers. Le malheur est que cette sélection, par en haut, s'opère mal. On avait attendu, en France, du suffrage universel, des résultats qu'il ne nous a point donnés. L'épreuve en était follement conduite et ne pouvait réussir. Les maîtres que le suffrage nous impose sont rarement ceux que leur mérite désigne. Confié à des foules que l'on consulte mal et qui ne sont pas capables de juger et de choisir, il abaisse constamment les bonnes moyennes, et ce choix de hasard est loin d'offrir les garanties anciennes de l'hérédité. Les réformateurs théoriciens voulaient satisfaire à une justice abstraite, sans avoir égard à la pratique. Ils se trompaient en fait et en droit, car la justice ne suppose ni n'exige l'égalité, qui n'existe pas. La voie des républiques futures est ailleurs ; leur effort doit s'appliquer à produire une sélection moins imparfaite, une distribution des indivi-dus qui laisse chacun à sa vraie place. Faute de voir la question comme elle est, on ne ferait, jamais et partout, que substituer à une aristocratie de race une aristocratie d'aventure sans vertus ni qualités ; on aurait multiplié les abus qu'on se vantait d'avoir abolis.

IV

Un remède au présent état de choses, dont les vices éclatent aux yeux, se trouvera-t-il dans l'instruction populaire ? Des promoteurs généreux l'avaient pensé ;

ils ont poursuivi une chimère. Le temps, d'abord, leur manquait. Puis il n'existe pas de rapport entre la capacité d'émettre un vote et le genre de savoir que garantit un certificat d'études primaires. Un jugement droit et quelque expérience de la vie remplacent un pareil savoir avec avantage. La grande affaire est de consulter les citoyens dans la limite de leur compétence, et la réorganisation des groupes professionnels offrirait sans doute, à ce point de vue, la meilleure base. Le simple bon sens suffit quelquefois à l'électeur pour bien placer sa confiance ; mais il reste inhabile à juger de la valeur de ses mandataires en des questions qui passent son intelligence et sur lesquelles la majorité des citoyens n'a point de lumière.

L'instruction d'ailleurs, ne l'oublions pas, ne met aux mains de chacun de nous qu'un instrument : il ne vaut qu'autant qu'on sait s'en servir. Trop souvent les dons naturels sont faussés par la vanité d'un demi-savoir ou par l'infatuation de l'écriture. Et pour dire plus, l'instruction, même la plus haute, menace d'être funeste quand elle n'atteint pas son dernier objet, qui est la formation du jugement et l'éducation du caractère.

Une philosophie de la vie y est nécessaire, à défaut de religion. Quel soin ne devons-nous pas donner à l'enseignement moral dans nos écoles ! Comment espérions-nous y pourvoir en abandonnant le peuple au scepticisme, en lui imposant une sorte de *Credo* de négations que la science n'autorise pas à proclamer !

Ces critiques ne sont pas faites avec le dessein de condamner les réformes sociales et l'école, ni de rejeter le peuple dans la superstition et la servitude : les sociétés sont des machines dont on ne renverse pas la vapeur. Elles tendent seulement à nous prémunir contre l'erreur, à assurer les progrès qui sont vraiment réalisables. L'homme a le devoir de créer de la justice ; mais il ne l'obtient pas sans respecter les lois générales de la vie. Le bien est œuvre de patience et de volonté. Ce genre d'avertissement est plus nécessaire dans notre pays, où nous pouvons mesurer depuis un siècle le mal que les révolutions désordonnées laissent après elles. Je confie donc aux hommes de réflexion le soin de développer et d'amender les considérations de ce travail, étant persuadé qu'elles importent à l'existence de notre patrie. Les nations ont leurs déroutes, comme les armées, et l'histoire est pleine de leurs destinées tragiques, dont le hasard, quoi qu'on dise, n'a jamais été le maître. Le « fait » nous tue, quand nous ne savons pas vivre par lui : c'est le sens nouveau de l'énigme antique.

CONCLUSION

L'évolution des sociétés s'accomplit dans la ruine
même de l'ordre par lequel elles subsistent. Depuis un
siècle, en Europe et surtout en France, les doctrines et
les institutions sur lesquelles on vivait sont ébranlées :
la religion plus que tout le reste, car on sait d'instinct
que la discipline générale des esprits y aboutit ou
qu'elle en découle.

. A quels abus les religions ont pu conduire, quel mal
elles ont pu faire, cela pourtant compte peu dans l'ensemble de l'histoire. Elles ont empêché un autre mal,
prévenu d'autres abus. Leur danger est maintenant
dans leur exclusivisme, dans les pratiques d'abêtisse-
ment où elles s'enfermeraient, dans les haines qu'elles
auraient l'imprudence de servir. Mais c'est aussi, en
quelque mesure, le danger des nationalités, également
combattues par l'esprit nouveau qui souffle dans le
monde.

Religions et patries, ne l'oublions pas, ont été l'instrument moral, quoique souvent bien imparfait, des
associations humaines et du progrès. Longtemps encore le même office leur incombera. On n'imagine pas

les populations musulmanes abandonnant la foi religieuse qui est leur unique lien, ni les nations blanches
ou jaunes désertant demain leurs temples. On n'imagine pas davantage que l'âme française, l'âme anglaise, l'âme russe ou allemande, perdent leur caractère
et se confondent tout à coup l'une avec l'autre. Les
nationalités, les religions, sont des faits qui ont leur
raison dans la vie de l'espèce. Il est vrai seulement
qu'elles se modifient avec le temps, comme tout ce qui
est de l'homme.

La patrie matérielle, si j'ose dire, c'est le goût du
pain, la couleur du ciel, la musique du langage ; la
patrie morale, c'est le génie que chacun porte en soi,
l'œuvre commune à laquelle il participe, la force et la
dignité qui le maintiennent. Jamais les émotions que
ce mot représente ne s'effaceront complètement dans
les cœurs, et cela même n'est pas désirable ; mais elles
arriveront à servir mieux les intérêts généraux d'une
humanité plus avancée.

La religion, c'est le lien que forme entre les individus
d'un groupe défini, ou même entre des nations adverses,
une manière, qui leur est commune cependant, de
comprendre la vie et le monde. L'erreur inhérente aux
religions disparaîtra sans doute, mais non pas le sentiment vrai qui les a produites. De même que les patries
différentes peuvent s'abriter sous le toit large de la
famille humaine, ainsi le caractère universel de la vérité finira par imposer aux hommes une seule et plus
haute philosophie religieuse, quelques contrastes secon-
daires qui s'y manifestent.

Quelle sera cette philosophie ? Notre humble travail
apporte à peine une contribution à cette recherche.

On y a montré, à l'égard d'une doctrine générale, que

la nature n'est en soi ni cruelle ni bienfaisante, mais
qu'elle signifie l'ensemble régulier des conditions auxquelles les êtres vivants doivent s'accommoder; que notre
première tâche est de transformer en justice morale
cette sorte de justice mécanique où se traduit la fatalité
des lois du monde ; que la moralité ne consiste pas seulement dans la vertu passive, mais surtout dans l'action, dans l'énergie mise au service de la vie sociale ;
que l'intelligence règne dans l'univers, puisque nous le
comprenons, et que la justice y habite aussi, puisque
nous avons charge de la faire : doctrine naïve, semble-
t-il, et qui ne s'écarte pas de la sagesse vulgaire, bien
qu'elle y ajoute, mais dont nous reconnaîtrions la solidité, si nous n'étions trop embarrassés de systèmes et
déshabitués de voir les choses simplement comme elles
sont.

A l'égard des croyances particulières et des inductions possibles, on y a montré que la persistance de
l'âme ne s'entend pas nécessairement au sens d'immortalité individuelle, et que ce dogme échappe du reste à
la négation comme à la preuve [1] ; que la notion de Dieu

(1) On trouvera dans le remarquable travail de M. Emile
Durkheim, *le Suicide, Etude de sociologie* (Paris, Alcan, 1897),
des considérations, appuyées sur la statistique, qui me semblent
propres à démontrer d'une manière indirecte que la croyance en
l'immortalité de l'âme n'est pas l'essentiel d'une religion. Cette
croyance, M. Durkheim l'établit sans conteste, n'a pas d'influence
prophylactique contre le suicide, par exemple : une telle influence
appartient à la puissance d'intégration des groupes sociaux dont
fait partie l'individu, et nous avons là une indication nouvelle
sur ce que nous devons demander à une philosophie, à une religion. M. Durkheim recommande la réorganisation des groupes
professionnels, pourvus d'attributions importantes ; ils offriraient
l'avantage d'encadrer solidement l'individu et de donner au suffrage politique l'assiette qui lui manque. J'approuve ses conclusions entièrement.

est également difficile : en tant que principe de la causalité mécanique, Dieu pourrait être défini (vu l'identité de la cause et de l'effet dans l'ordre matériel) la
somme idéale des phénomènes du monde ; en tant que
principe de la causalité intelligente, nous le concevons
toujours sur notre propre modèle. On a constaté d'ailleurs que cette analogie d'une action régulatrice avec
l'action humaine s'impose à l'esprit et reparaît même
sous les déguisements de l'atome et de la force ; que la
connexion des phénomènes, reconnue pour une condition dé la nature physique et de l'existence sociale,
autorise encore, toute hardie qu'elle est, l'hypothèse
d'une solidarité morale entre les parties de l'univers ;
que la situation de l'homme demeure enfin un état de
dépendance qui ne change pas selon ce qu'il nie ou ce
qu'il affirme.

A mesure que l'influence des religions décroît, une
autre discipline se constitue pour les remplacer ; la pensée moderne s'imprègne d'idées nouvelles, qui seront
les équivalents de la croyance ancienne. Les hommes de
demain ne manqueront ni d'une philosophie qui leur
convienne, ni du sentiment religieux attaché à toute
conception profonde. Un auteur récent[1] envisage les
dogmes, je le sais, comme les formules variables d'une
émotion qui serait toujours la même. Il n'est pas exact
de dire que l'émotion religieuse ne varie point, puisqu'elle est faite de plusieurs éléments, qu'elle n'est pas
simple et primitive, et l'on ne saurait conclure, de la
fragilité des croyances où elle s'est peinte en chaque
temps, à l'impuissance d'une doctrine plus ferme qui

---

(1) A. Sabatier, *Esquisse d'une philosophie de la religion
d'après la psychologie et l'histoire* (Paris, Fischbacher, 1897).

trouverait sa réponse dans un sentiment nouveau.

Du pain et de la justice, voilà le premier besoin de tous les peuples : tout progrès repose sur cette assise. Nos doctrines modernes font appel à une humanité moins misérable et plus intelligente ; leur efficacité dépend ainsi de l'état meilleur qu'elles annoncent, et nous devons mettre l'individu en état de conquérir une existence plus large, par son effort personnel et grâce aux labeurs bienfaisants de la science, si nous avons la prétention de l'élever à un niveau moral où il se soutienne.

L'extension des affaires, des échanges de toute sorte, a créé déjà une active concurrence économique entre les nations. Un jour viendra où les effets en seront réglés plus sagement, en vertu d'une entente et de prévisions devenues possibles. Un jour viendra aussi où la paix sera imposée par la raison et le sentiment des peuples ; alors sera réduite à un minimum négligeable la part du hasard dans notre histoire. L'élimination des races faibles ou incapables s'accomplit d'ailleurs plus sûrement par le travail que par la guerre ; il est des conquêtes qui s'achèvent par une substitution lente de personne à personne, et celles-là, les peuples dégénérés les subissent aussi longtemps que leur valeur productive n'est pas relevée.

Ces conclusions affectent une certaine sérénité, parce qu'elles portent au delà du moment présent. Plusieurs pages de ce livre ont assez montré qu'il n'y domine pas un béat optimisme. La conduite générale de nos sociétés n'est plus en harmonie avec notre savoir. Appliquons-nous à finir ce désaccord, qui pèse gravement sur nos destinées et détruit l'équilibre des consciences. Si ce fut un grand progrès (il s'acheva pour l'Occident avec le

Christianisme) quand la morale ne s'assujétit plus à la politique, ce ne sera pas un progrès moindre quand la politique s'assujétira à la morale. Les peuples bénéficieront alors plus largement de la culture acquise, et les exigences de la raison humaine, qui débordent aujourd'hui de toutes parts les traditions des gouvernements, arriveront à coïncider de plus près avec les pratiques sociales, sans leur être constamment antagonistes.

Que vaut la vie ? Ce que nous la faisons, et surtout ce que nous la voulons faire. Travailler d'abord, mais s'en remettre à la nature et respecter l'ordre de l'univers, voilà les leçons que toute philosophie doit fortifier au cœur de l'homme. L'être le plus infime vaut quelque chose par cette acceptation confiante, qui est un signe de la santé morale. Il faut croire au bien, pour avoir l'énergie de le produire.

TABLE DES MATIÈRES

ÉVREUX, IMPRIMERIE DE CHARLES HÉRISSEY

27. WURTZ. **La théorie atomique**, 6ᵉ édition.
28-29. SECCHI (Le Père). **Les étoiles.** 3ᵉ édition, illustré.
30. N. JOLY. **L'homme avant les métaux**, 4ᵉ édit., illustré.
31. A. BAIN. **La science de l'éducation**, 8ᵉ édition.
32-33. THURSTON. **Histoire de la machine à vapeur.** 3ᵉ éd.
34. R. HARTMANN. **Les peuples de l'Afrique**, 2ᵉ édit., illustré.
35. HERBERT SPENCER. **Les bases de la morale évolution-niste**, 5ᵉ édition.
36. TH.-H. HUXLEY. **L'écrevisse**, introduction à l'étude de la zoologie, 2ᵉ édition, illustré.
37. DE ROBERTY. **La sociologie**, 3ᵉ édition.
38. O.-N. ROOD. **Théorie scientifique des couleurs et leurs applications à l'art et à l'industrie**, 2ᵉ édition, illustré.
39. DE SAPORTA et MARION. **L'évolution du règne végétal.** *Les cryptogames*, illustré.
40-41. CHARLTON-BASTIAN. **Le système nerveux et la pensée.** 2ᵉ édition. 2 vol. illustrés.
42. JAMES SULLY. **Les illusions des sens et de l'esprit**, 2ᵉ éd., ill.
43. YOUNG. **Le Soleil**, illustré.
44. A. DE CANDOLLE. **Origine des plantes cultivées**, 4ᵉ édit.
45-46. J. LUBBOCK. **Les Fourmis, les Abeilles et les Guêpes.** 2 vol. illustrés.
47. ED. PERRIER. **La philos. zoologique avant Darwin**, 3ᵉ éd.
48. STALLO. **La matière et la physique moderne**, 2ᵉ édition.
49. MANTEGAZZA. **La physionomie et l'expression des sentiments**, 3ᵉ édit., illustré.
50. DE MEYER. **Les organes de la parole**, illustré.
51. DE LANESSAN. **Introduction à la botanique.** *Le sapin.* 3ᵉ édit., illustré.
52-53. DE SAPORTA et MARION. **L'évolution du règne végétal.** *Les phanérogames.* 2 volumes illustrés.
54. TROUESSART. **Les microbes, les ferments et les moisissures**, 2ᵉ éd., illustré.
55. HARTMANN. **Les singes anthropoïdes**, illustré.
56. SCHMIDT. **Les mammifères dans leurs rapports avec leurs ancêtres géologiques**, illustré.
57. BINET et FÉRÉ. **Le magnétisme animal**, 4ᵉ éd., illustré.
58-59. ROMANES. **L'intelligence des animaux.** 2 vol., 2ᵉ éd.
60. F. LAGRANGE. **Physiologie des exercices du corps.** 7ᵉ éd.
61. DREYFUS. **L'évolution des mondes et des sociétés.** 3ᵉ éd.
62. DAUBRÉE. **Les régions invisibles du globe et des espaces célestes**, illustré, 2ᵉ édition.
63-64. SIR JOHN LUBBOCK. **L'homme préhistorique.** 4ᵉ édition, 2 volumes illustrés.
65. RICHET (Ch.). **La chaleur animale**, illustré.
66. FALSAN. **La période glaciaire**, illustré.
67. BEAUNIS. **Les sensations internes.**
68. CARTAILHAC. **La France préhistorique**, illustré. 2ᵉ éd.
69. BERTHELOT. **La révolution chimique, Lavoisier**, illustré.
70. SIR JOHN LUBBOCK. **Les sens et l'instinct chez les animaux**, illustré.
71. STARCKE. **La famille primitive.**

72. ARLOING. **Les virus,** illustré.
73. TOPINARD. **L'homme dans la nature,** illustré.
74. BINET. **Les altérations de la personnalité.**
75. A. DE QUATREFAGES. **Darwin et ses précurseurs français.** 2ᵉ éd.
76. LEFÈVRE. **Les races et les langues.**
77-78. A. DE QUATREFAGES. **Les émules de Darwin.** 2 vol.
79. BRUNACHE. **Le centre de l'Afrique, autour du Tchad,** illustré.
80. A. ANGOT. **Les aurores polaires,** illustré.
81. JACCARD. **Le pétrole, l'asphalte et le bitume,** illustré.
82. STANISLAS MEUNIER. **La géologie comparée,** illustré.
83. LE DANTEC. **Théorie nouvelle de la vie,** illustré.
84. DE LANESSAN. **Principes de colonisation.**
85. DEMOOR, MASSART et VANDERVELDE. **L'évolution régressive en biologie et en sociologie,** illustré.
86. G. DE MORTILLET. **Formation de la nation française,** illustré.

COLLECTION MÉDICALE

ÉLÉGANTS VOLUMES IN-12, CARTONNÉS A L'ANGLAISE, A 4 ET A 3 FRANCS

Le Phtisique et son traitement hygiénique, par le Dʳ E.-P. Léon-Petit, médecin de l'hôpital d'Ormesson, avec 20 gravures.　　　　4 fr.

Hygiène de l'alimentation dans l'état de santé et de maladie, par le Dʳ J. Laumonier, avec gravures.　　　4 fr.

L'alimentation des nouveau-nés, *Hygiène de l'allaitement artificiel,* par le Dʳ S. Icard, avec 60 gravures, 2ᵉ édit.　　4 fr.

La mort réelle et la mort apparente, nouveaux procédés de diagnostic et traitement de la mort apparente, par le Dʳ S. Icard, avec gravures.　　　4 fr.

L'hygiène sexuelle et ses conséquences morales, par le Dʳ S. Ribbing, professeur à l'Université de Lund (Suède).　4 fr.

Hygiène de l'exercice chez les enfants et les jeunes gens, par le Dʳ F. Lagrange, lauréat de l'Institut. 4ᵉ édit.　4 fr.

De l'exercice chez les adultes, par le Dʳ F. Lagrange. 2ᵉ édition.　　　4 fr

Hygiène des gens nerveux, par le Dʳ Levillain. 3ᵉ édition avec gravures.　　　4 fr.

L'idiotie. *Psychologie et éducation de l'idiot,* par le Dʳ J. Voisin, médecin de la Salpêtrière, avec gravures.　　4 fr.

La famille névropathique, *Hérédité, prédisposition morbide, dégénérescence,* par le Dʳ Ch. Féré, médecin de Bicêtre, avec gravures.　　　4 fr.

L'éducation physique de la jeunesse, par A. Mosso, professeur à l'Université de Turin. Préface de M. le Commandant Legros.　　　4 fr

Manuel de percussion et d'auscultation, par le Dr P. Simon, professeur à la Faculté de médecine de Nancy, avec grav.   4 fr.

Éléments d'anatomie et de physiologie génitales et obstétricales, par le Dr A. Pozzi, professeur à l'école de médecine de Reims, avec 219 gravures.   4 fr.

Manuel théorique et pratique d'accouchements, par le Dr A. Pozzi, avec 138 gravures.   4 fr.

Le traitement des aliénés dans les familles, par le Dr Féré, médecin de Bicêtre. 2e édition.   3 fr.

Petit manuel d'antisepsie et d'asepsie chirurgicales, par les Drs Félix Terrier, professeur à la Faculté de médecine de Paris, membre de l'Académie de médecine, et M. Péraire, ancien interne des hôpitaux, assistant de consultation chirurgicale à l'hôpital Bichat, avec gravures.   3 fr.

Petit manuel d'anesthésie chirurgicale, par les mêmes, avec 37 gravures.   fr

L'opération du trépan, par les mêmes, avec 222 grav.   4 fr.

Chirurgie de la face, par les Drs Félix Terrier, Guillemain et Malherbe, anciens internes des hôpitaux, avec gravures.   4 fr.

Morphinisme et Morphinomanie, par le Dr Paul Rodet.   4 fr.

La fatigue et l'entraînement physique, par le D^r Ph. Tissié, avec gravures.   4 fr.

Manuel d'hydrothérapie, par le Dr Macario.   3 fr.

MÉDECINE

Extrait du catalogue, par ordre de spécialités.

A.. — Pathologie et thérapeutique médicales.

AXENFELD et HUCHARD. **Traité des névroses.** 2e édition, par Henri Huchard. 1 fort vol. gr. in-8.   20 fr.

BARTELS. **Les maladies des reins,** avec notes de M. le prof. Lépine. 1 vol. in-8, avec fig.   7 fr. 50

BOUCHARDAT. **De la glycosurie ou diabète sucré,** son traitement hygiénique, 2e édition. 1 vol. grand in-8, suivi de notes et documents sur la nature et le traitement de la goutte, la gravelle urique, sur l'oligurie, le diabète insipide avec excès d'urée, l'huppurie, la pimélorrhée, etc.   15 fr.

BOUCHUT et DESPRÉS. **Dictionnaire de médecine et de thérapeutique médicales et chirurgicales,** comprenant le résumé de la médecine et de la chirurgie, les indications thérapeutiques de chaque maladie, la médecine opératoire, les accouchements, l'oculistique, l'odontotechnie, les maladies d'oreilles, l'électrisation, la matière médicale, les eaux minérales, et un formulaire spécial pour chaque maladie. 6e édition, 1895, très augmentée. 1 vol. in-4, avec 1001 fig. dans le texte et 3 cartes. Br. 25 fr.; relié.   30 fr.

CORNIL ET BABES. **Les bactéries et leur rôle dans l'anatomie et l'histologie pathologiques des maladies infec-
tieuses.** 2 vol. in-8, avec 350 fig dans le texte en noir et en couleurs et 12 pl. hors texte, 3e éd. entièrement refondue, 1890.   40 fr.

DAVID. **Les microbes de la bouche.** 1 vol. in-8 avec gravures
en noir et en couleurs dans le texte.   10 fr.

DÉJERINE-KLUMPKE (Mme). **Des polynévrites et des para-
lysies et atrophies saturnines.** 1 vol. in-8. 1889.   6 fr.

DESPRES. **Traité théorique et pratique de la syphilis,** ou
infection purulente syphilitique. 1 vol. in-8.   7 fr.

DUCKWORTH (Sir Dyce). **La goutte,** son traitement. Trad. de l'anglais par le Dr Rodet. 1 vol. gr. in-8 avec gr. dans le texte.   10 fr.

DURAND-FARDEL. **Traité des eaux minérales** de la France
et de l'étranger, et de leur emploi dans les maladies chroniques,
3e édition. 1 vol. in-8.   10 fr.

FÉRÉ (Ch.). **Les épilepsies et les épileptiques.** 1 vol. gr. in-8
avec 12 planches hors texte et 67 grav. dans le texte. 1890.   20 fr.

FÉRÉ (Ch.). **La pathologie des émotions.** 1 vol. in-8.
1893.   12 fr.

FINGER (E.). **La blennorrhagie et ses complications.**
1 vol. gr. in-8 avec 36 grav. et 7 pl. hors texte. Traduit de l'allemand par le docteur Hogge. 1894.   12 fr.

FINGER (E.). **La syphilis et les maladies vénériennes,**
trad. de l'all. avec notes par les Drs Spillmann et Doyon. 1 vol.
in-8, avec 5 planches hors texte. 1895.   12 fr.

FLEURY (Maurice de). **Introduction à la médecine de
l'esprit,** 1 volume in-8. 1897.   7 fr. 50

HERARD, CORNIL ET HANOT. **De la phtisie pulmonaire,**
1 vol. in-8, avec fig. dans le texte et pl. coloriées. 2e éd.   20 fr.

ICARD (S.). **La femme pendant la période menstruelle.**
Étude de psychologie morbide et de médecine légale. In-8. 6 fr.

LANCEREAUX. **Traité historique et pratique de la syphilis.** 2e édit. 1 vol. gr. in-8, avec fig. et planches color.   17 fr.

MARVAUD (A.). **Les maladies du soldat,** étude étiologique,
épidémiologique et prophylactique. 1 vol. grand in-8. 1894.   20 fr.
Ouvrage couronné par l'Académie des sciences.

MAUDSLEY. **La pathologie de l'esprit.** 1 vol. in-8.   10 fr.

MURCHISON. **De la fièvre typhoïde.** In-8, avec figures dans
le texte et planches hors texte.   3 fr.

NIEMEYER. **Eléments de pathologie interne et de thérapeutique,** traduit de l'allemand, annoté par M. Cornil. 3e édit.
franç., augmentée de notes nouvelles. 2 vol. in-8.   4 fr. 50

ONIMUS ET LEGROS. **Traité d'électricité médicale.** 1 fort
vol. in-8, avec 275 figures dans le texte. 2e édition.   17 fr.

RILLIET ET BARTHEZ. **Traité clinique et pratique des
maladies des enfants.** 3e édit., refondue et augmentée par
Barthez et A. Sanné. Tome I, 1 fort vol. gr. in-8.   16 fr.
    Tome II, 1 fort vol. gr. in-8.   14 fr.
    Tome III terminant l'ouvrage, 1 fort vol. gr. in-8.   25 fr.

SÉE (M.). **Le Gonocoque,** 1 vol. in-8. 1896.   10 fr.
SOLLIER (Paul). **Genèse et nature de l'hystérie,** 2 forts
  vol. in-8. 1897.   20 fr.
TAYLOR. **Traité de médecine légale,** traduit sur la 7e édition
  anglaise, par le Dr HENRI COUTAGNE. 1 vol. gr. in-8.   4 fr. 50
VOISIN (J.). **L'épilepsie,** 1 vol. in-8. 1896.   6 fr.

B. -- Pathologie et thérapeutique chirurgicales.

ANGER (Benjamin). **Traité iconographique des fractures
  et luxations.** 1 fort volume in-4, avec 100 planches coloriées,
  et 127 gravures dans le texte. 2° tirage. Relié.   150 fr.
BILLROTH ET WINIWARTER. **Traité de pathologie et de
  clinique chirurgicales générales,** 2° édit. d'après la
  10° édit. allemande. 1 fort vol. gr. in-8, avec 180 fig.   20 fr.
Congrès français de chirurgie. Mémoires et discussions, publiés par MM. Pozzi, secrétaire général, et PICQUÉ, secrétaire général
  adjoint.
    1re, 2° et 3° sessions : 1885, 1886, 1888, 3 forts vol. gr. in-8,
  avec fig., chacun, 14 fr. — 4° session : 1889, 1 fort vol. gr. in-8,
  avec fig., 16 fr. — 5° session : 1891, 1 fort vol. gr. in-8, avec
  fig., 14 fr. — 6° session : 1892, 1 fort vol. gr. in-8, avec fig. 16 fr.
  — 7° session : 1893, 1 fort vol. gr. in-8, 18 fr. — 8°, 9° et 10°
  sessions : (1894-95-96), chacune   20 fr.
DE AULT. **Des blessures de l'œil,** considérées au point de
  vue pratique et médico-légal. 1 vol. in-18.   1 fr. 25
DELORME. **Traité de chirurgie de guerre.** 2 vol. gr. in-8.
    Tome I, avec 95 grav. dans le texte et 1 pl. hors texte.   16 fr.
    Tome II, terminant l'ouvrage, avec 400 grav. dans le texte 26 fr.
            Ouvrage couronné par l'Académie des sciences.
JAMAIN ET TERRIER. **Manuel de pathologie et de clinique
  chirurgicales.** 3° édition. Tome I, 1 fort vol. in-18. 8 fr. —
  Tome II, 1 vol. in-18. 8 fr. — Tome III, avec la collaboration
  de MM. BROCA et HARTMANN, 1 vol. in-18. 8 fr. — Tome IV,
  avec la collaboration de MM. BROCA et HARTMANN, 1 vol. in-18. 8 fr.
LIEBREICH. **Atlas d'ophtalmoscopie,** représentant l'état nor-
  mal et les modifications pathologiques du fond de l'œil vues à l'oph-
  talmoscope. 3° édition, atlas in-f° de 12 planches.   40 fr.
MAC CORMAC. **Manuel de chirurgie antiseptique,** traduit
  de l'anglais par M. le docteur LUTAUD. 1 fort vol. in-8.   2 fr.
MALGAIGNE ET LE FORT. **Manuel de médecine opératoire.**
  9e édit. 2 vol. gr. in-18, avec nombreuses fig. dans le texte. 16 fr.
NÉLATON. **Éléments de pathologie chirurgicale,** par
  A. NÉLATON, membre de l'Institut, professeur de clinique à la
  Faculté de médecine, etc. Ouvrage complet en 6 volumes.
    Seconde édition, complètement remaniée, revue par les Drs JAMAIN,
  PÉAN, DESPRÉS, GILLETTE et HORTELOUP, chirurgiens des hôpitaux.
  6 forts vol. gr. in-8, avec 795 figures dans le texte.   32 fr.

NIMIER ET DESPAGNET. **Traité élémentaire d'ophtalmologie.** 1 fort vol. gr. in-8, avec 432 gr. Cart. à l'angl. 1894. 20 fr.

PAGET (sir James). **Leçons de clinique chirurgicale,** trad. par L.-H. PETIT, et introd. du prof. VERNEUIL. 1 vol. gr. in-8.   8 fr.

RICHARD. **Pratique journalière de la chirurgie.** 1 vol. gr. in-8, avec 215 fig. dans le texte. 2e édit.   5 fr.

SOELBERG-WELLS. **Traité pratique des maladies des yeux.** 1 fort vol. gr. in-8, avec figures.   4 fr. 50

TERRIER. **Éléments de pathologie chirurgicale générale.**
   1er fascicule : *Lésions traumatiques et leurs complications.* 1 vol. in-8.   7 fr.
   2e fascicule : *Complications des lésions traumatiques. Lésions inflammatoires.* 1 vol. in-8.   6 fr.

TERRIER ET BAUDOUIN. **De l'hydronéphrose intermittente,** 1892. 1 vol. in-8.   5 fr.

VIRCHOW. **Pathologie des tumeurs,** cours professé à l'université de Berlin, traduit de l'allemand par le docteur ARONSSOHN. — Tome I, 1 vol. gr. in-8, avec 106 fig. 3 fr. 75. — Tome II· 1 vol. gr. in-8, avec 74 fig. 3 fr. 75. —Tome III, 1 vol. gr. in-8' avec 49 fig. 3 fr. 75. — Tome IV, 1 vol. gr. in-8, avec figures.   1 fr. 50

C. — Thérapeutique. Pharmacie. Hygiène.

BOSSU. **Petit compendium médical.** 1 vol. in-32, 4e édit., cart. à l'anglaise.   1 fr. 25

BOUCHARDAT. **Nouveau formulaire magistral,** précédé d'une Notice sur les hôpitaux de Paris, de généralités sur l'art de formuler, suivi d'un Précis sur les eaux minérales naturelles et artificielles, d'un Mémorial thérapeutique, de notions sur l'emploi des contrepoisons et sur les secours à donner aux empoisonnés et aux asphyxiés. 1896, 31e édition, revue et corrigée. 1 vol. in-18, broché, 3 fr. 50; cartonné, 4 fr.; relié.   4 fr. 50

BOUCHARDAT ET DESOUBRY. **Formulaire vétérinaire,** contenant le mode d'action, l'emploi et les doses des médicaments. 5e édit. 1 vol. in-18, br. 3 fr. 50, cart. 4 fr., relié.   4 fr. 50

BOUCHARDAT. **De la glycosurie ou diabète sucré,** son traitement hygiénique. 2e édition. 1 vol. grand in-8, suivi de notes et documents sur la nature et le traitement de la goutte, la gravelle urique, sur l'oligurie, le diabète insipide avec excès d'urée, l'hippurie, la pimélorrhée, etc.   15 fr.

BOUCHARDAT. **Traité d'hygiène publique et privée,** basée sur l'étiologie. 1 fort vol. gr. in-8. 3e édition, 1887.   18 fr.

LAGRANGE (F.). **La médication par l'exercice.** 1 vol. grand in-8, avec 68 grav. et une carte. 1894.   12 fr.

WEBER. **Climatothérapie,** traduit de l'allemand par les docteurs DOYON et SPILLMANN. 1 vol. in-8. 1886.   6 fr.

8   FÉLIX ALCAN, ÉDITEUR

D. — Anatomie. Physiologie. Histologie.

BELZUNG. **Anatomie et physiologie animales.** 1 fort vol.
in-8 avec 522 gravures dans le texte. 5ᵉ éd., revue. 6 fr., cart. 7 fr.

BÉRAUD (B.-J.). **Atlas complet d'anatomie chirurgicale
topographique,** pouvant servir de complément à tous les ouvrages d'anatomie chirurgicale, composé de 109 planches représentant plus de 200 figures gravées sur acier, avec texte explicatif. 1 fort vol. in-4.
    Prix : fig. noires, relié, 60 fr. — Fig. coloriées, relié, 120 fr.

BERNARD (Claude). **Leçons sur les propriétés des tissus
vivants,** avec 94 fig. dans le texte. 1 vol. in-8.   2 fr. 50

BURDON-SANDERSON, FOSTER ET BRUNTON. **Manuel du labo-
ratoire de physiologie,** traduit de l'anglais par M. Moquin-
Tandon. 1 vol. in-8, avec 184 fig. dans le texte.   7 fr.

CORNIL, RANVIER, BRAULT ET LETULLE. **Manuel d'histologie
pathologique.** 3ᵉ édition. 3 vol. in-8, avec nombreuses figures
dans le texte. (*Sous presse.*)

DEBIERRE. **Traité élémentaire d'anatomie de l'homme.**
Anatomie descriptive et dissection, avec notions d'organogénie et
d'embryologie générales. Ouvrage complet en 2 volumes.   40 fr.
    Tome I, *Manuel de l'amphithéâtre,* 1 vol. in-8 de 950 pages
avec 450 figures en noir et en couleurs dans le texte. 1890. 20 fr.
    Tome II et dernier : 1 vol. in-8 avec 515 figures en noir et
en couleurs dans le texte.   20 fr.
        Ouvrage couronné par l'Académie des sciences.

DEBIERRE ET DOUMER. **Album des centres nerveux.** 1 fr. 50

FAU. **Anatomie des formes du corps humain,** à l'usage
des peintres et des sculpteurs. 1 atlas in-folio de 25 planches.
Prix : fig. noires, 15 fr. — Fig. coloriées.   30 fr.

FERRIER. **Les fonctions du cerveau.** 1 v. in-8. avec 68 fig. 9 fr.

LABORDE. **Les tractions rythmées de la langue,** traitement physiologique de la mort. 1 vol. in-12. 2ᵉ éd. 1897. 5 fr.

LEYDIG. **Traité d'histologie comparée de l'homme et
des animaux.** 1 fort vol. in-8, avec 200 figures.   4 fr. 50

LONGET. **Traité de physiologie.** 3ᵉ édition, 3 vol. gr. in-8,
avec figures.   12 fr.

MAREY. **Du mouvement dans les fonctions de la vie.**
1 vol. in-8, avec 200 figures dans le texte.   3 fr.

PREYER. **Éléments de physiologie générale.** Traduit de
l'allemand par M. J. Soury. 1 vol. in-8.   5 fr.

PREYER. **Physiologie spéciale de l'embryon.** 1 vol. in-8,
avec figures et 9 planches hors texte.   7 fr. 50

BIBLIOTHÈQUE
D'HISTOIRE CONTEMPORAINE

Volumes in-18 à 3 fr. 50. — Volumes in-8 à 5, 7 et
12 francs. — Cartonnage toile, 50 c. en plus par vol.
in-18, 1 fr. en plus par vol. in-8.

EUROPE

HISTOIRE DE L'EUROPE PENDANT LA RÉVOLUTION FRANÇAISE, par *H. de
Sybel*. Traduit de l'allemand par Mlle Dosquet. 6 vol. in-8 . . 42 fr.
HISTOIRE DIPLOMATIQUE DE L'EUROPE, DE 1815 A 1878, par *Debidour*.
2 vol. in-8. . . . . 18 fr.

FRANCE

LA RÉVOLUTION FRANÇAISE, par *H. Carnot*. 1 vol. in-18. Nouv. édit. 3 50
LE CULTE DE LA RAISON ET LE CULTE DE L'ÈTRE SUPRÊME (1793-1794). Étude
historique par *Aulard*, 1 vol. in-18. . . . . 3 50
ÉTUDES ET LEÇONS SUR LA RÉVOLUTION FRANÇAISE, par *Aulard*. 1 vol.
in-18. . . . . 3 50
VARIÉTÉS RÉVOLUTIONNAIRES, par *M. Pellet*, 3 vol. in-18, chacun 3 50
HISTOIRE DE LA RESTAURATION, par *de Rochau*. 1 vol. in-18. . . . 3 50
HISTOIRE DE DIX ANS, par *Louis Blanc*. 5 vol. in-8. . . . . . . 25 fr.
HISTOIRE DE HUIT ANS (1840-1848), par *Elias Regnault*. 3 vol. in-18. 15 fr.
HISTOIRE DU SECOND EMPIRE (1848-1870), par *Taxile Delord*. 6 volumes
in-8.. . . . . 42 fr.
HISTOIRE DE LA TROISIÈME RÉPUBLIQUE par *E. Zevort* :
   I. *Présidence de M. Thiers*. 1 vol. in-8. . . . . 7 fr.
   II. *Présidence du Maréchal*. 1 vol. in-8. . . . . 7 fr.
HISTOIRE PARLEMENTAIRE DE LA DEUXIÈME RÉPUBLIQUE, par *Eug. Spuller*.
1 vol. in-18, 2ᵉ édit. 3 50
LA FRANCE POLITIQUE ET SOCIALE, par *Aug. Laugel*. 1 vol. in-8. 5 fr.
LES COLONIES FRANÇAISES, par *P. Gaffarel*. 1 vol. in-8, 5ᵉ éd. . . 5 fr.
L'EXPANSION COLONIALE DE LA FRANCE, étude économique, politique et
géographique sur les établissements français d'outre-mer, par *J.-L. de
Lanessan*. 1 vol. in-8 avec 19 cartes hors texte. . . . . 12 fr.
L'INDO-CHINE FRANÇAISE, étude économique, politique et administrative
sur *la Cochinchine, le Cambodge, l'Annam et le Tonkin* (médaille Du-
pleix de la Société de Géographie commerciale), par *J.-L. de Lanessan*.
1 vol. in-8, avec 5 cartes en couleurs. . . . . 15 fr.
LA COLONISATION FRANÇAISE EN INDO-CHINE, par *J.-L. de Lanessan*, 1895,
1 vol. in-12, avec 1 carte hors texte. 3 50
L'ALGÉRIE, par *M. Wahl*. 1 vol. in-8, 3ᵈ édition. Ouvrage couronné par
l'Institut. . . . . 5 fr.
L'EMPIRE D'ANNAM ET LES ANNAMITES, par *J. Silvestre*. 1 vol. in-18 avec
carte. 3 50

ANGLETERRE

HISTOIRE CONTEMPORAINE DE L'ANGLETERRE, depuis la mort de la reine
Anne jusqu'à nos jours, par *H. Reynald*. 1 vol. in-18. 2ᵉ éd. . 3 50
LES QUATRE GEORGES, par *Tackeray*. 1 vol. in-18. . . . . 3 50
LORD PALMERSTON ET LORD RUSSEL, par *Aug. Laugel*. 1 vol. in-18. 3 50
LE SOCIALISME EN ANGLETERRE, par *Albert Métin*. 1 vol. in-18. 3 50

ALLEMAGNE

HISTOIRE DE LA PRUSSE, depuis la mort de Frédéric II jusqu'à la ba-
taille de Sadowa, par *Eug. Véron*. 1 vol. in-18. 6ᵉ éd. revue par *Paul
Bondois*. 3 50
HISTOIRE DE L'ALLEMAGNE, depuis la bataille de Sadowa jusqu'à nos jours,
par *Eug. Véron*. 1 vol. in-18, 3ᵉ éd. continuée jusqu'en 1892, par
Paul Bondois. 3 50

L'ALLEMAGNE ET LA RUSSIE AU XIX° SIÈCLE, par *Eug. Simon.* 1 vol·
in-18. . . . . 3 50
LE SOCIALISME ALLEMAND ET LE NIHILISME RUSSE, par *J. Bourdeau.* 1 vol.
in-18. 2° édition. 3 50
LES ORIGINES DU SOCIALISME D'ÉTAT EN ALLEMAGNE, par *Ch. Andler.* 1 vol.
in-8. . . . . 7 fr.

AUTRICHE-HONGRIE

HISTOIRE DE L'AUTRICHE, depuis la mort de Marie-Thérèse jusqu'à nos
jours, par *L. Asseline.* 1 vol. in-18. 3° éd. 3 50
LES TCHÈQUES ET LA BOHÈME CONTEMPORAINE, par *J. Bourlier.* 1 vol.
in-18. . . . . 3 50

ESPAGNE

HISTOIRE DE L'ESPAGNE, depuis la mort de Charles III jusqu'à nos jours,
par *E. Reynald.* 1 vol. in-18 . . . . 3 50

RUSSIE

HISTOIRE CONTEMPORAINE DE LA RUSSIE, depuis la mort de Paul 1ᵉʳ
jusqu'à l'avènement de Nicolas II, par *M. Créhange.* 1 vol. in-18,
2° éd. 3 50

SUISSE

HISTOIRE DU PEUPLE SUISSE, par *Daendliker,* précédée d'une Introduction
par *Jules Favre.* 1 vol. in-8. . . . . 5 fr.

AMÉRIQUE

HISTOIRE DE L'AMÉRIQUE DU SUD, par *Alf. Deberle.* 1 vol. in-18. 3° éd., revue
par *A. Milhaud.* 1897. . . . . 3 50

ITALIE

HISTOIRE DE L'ITALIE, depuis 1815 jusqu'à la mort de Victor-Emmanuel,
par *E. Sorin.* 1 vol. in-18 . . . . 3 50
BONAPARTE ET LES RÉPUBLIQUES ITALIENNES (1796-1799), par *P. Gaffarel,*
1 vol. in-8 . . . . 5 fr.

TURQUIE

LA TURQUIE ET L'HELLÉNISME CONTEMPORAIN, par *V. Bérard.* 1 vol. in-18.
4° éd. *Ouvrage couronné par l'Académie française.* 3 50

Jules Barni. HISTOIRE DES IDÉES MORALES ET POLITIQUES EN FRANCE
AU XVIII° SIÈCLE. 2 vol. in-18, chaque volume 3 50
— LES MORALISTES FRANÇAIS AU XVIII° SIÈCLE. 1 vol. in-18. . . . 3 50
E. de Laveleye. LE SOCIALISME CONTEMPORAIN. 1 volume in-18,
11° édition, augmentée. 3 50
E. Despois. LE VANDALISME RÉVOLUTIONNAIRE. 1 vol. in-18. 2° éd. 3 50
Eug. Spuller. FIGURES DISPARUES, portraits contemporains, littéraires
et politiques. 3 vol. in-18, chaque vol. 3 50
Eug. Spuller. L'ÉDUCATION DE LA DÉMOCRATIE. 1 vol. in-18... 3 50
Eug. Spuller. L'ÉVOLUTION POLITIQUE ET SOCIALE DE L'ÉGLISE. 1 vol.
in-18 . . . . 3 50
G. Guéroult. LE CENTENAIRE DE 1789. Évolution politique, philoso-
phique, artistique et scientifique de l'Europe depuis cent ans, 1 vol.
in-18. . . . . 3 50
Joseph Reinach. PAGES RÉPUBLICAINES. 1 vol. in-18. . . . . . 3 50
Hector Depasse. TRANSFORMATIONS SOCIALES. 1 vol. in-18 . . . 3 50
Hector Depasse. DU TRAVAIL ET DE SES CONDITIONS, 1 vol.
in-18 . . . . 3 50
Eug. d'Eichthal. SOUVERAINETÉ DU PEUPLE ET GOUVERNEMENT, 1 vol.
in-18. . . . . 3 fr. 50
G. Isambert. LA VIE A PARIS PENDANT UNE ANNÉE DE LA RÉVOLUTION
(1791-1792). 1 vol. in-18. 3 50
Weill (G.). L'ÉCOLE SAINT-SIMONIENNE. 1 vol. in-18. . . . . . 3 50

BIBLIOTHÈQUE DE PHILOSOPHIE CONTEMPORAINE

VOLUMES IN-12.

Br., 2 fr. 50; cart. à l'angl., 3 fr.; reliés, 4 fr.

H. Taine.
L'idéalisme anglais, étude sur Carlyle.
Philosophie de l'art dans les Pays-Bas. 2ᵉ édition.
Philosophie de l'art en Grèce. 2ᵉ édit.

Paul Janet.
Le Matérialisme contemp. 6ᵉ édit.
Philosophie de la Révolution française. 5ᵉ édit.
Le Saint-Simonisme.
Origines du socialisme contemporain. 3ᵉ éd.
La philosophie de Lamennais.

Alaux.
Philosophie de M. Cousin.

Ad. Franck.
Philosophie du droit pénal. 4ᵉ édit.
Des rapports de la religion et de l'État. 2ᵉ édit.
La philosophie mystique en France au XVIIIᵉ siècle.

Beaussire.
Antécédents de l'hégélianisme dans la philosophie française.

Ed. Auber.
Philosophie de la médecine.

Charles de Rémusat.
Philosophie religieuse.

Charles Lévêque.
Le Spiritualisme dans l'art.
La Science de l'invisible

Émile Saisset.
L'âme et la vie.
Critique et histoire de la philosophie (frag. et disc.).

Auguste Laugel.
L'Optique et les Arts.
Les problèmes de la nature.
Les problèmes de l'âme.

Albert Lemoine.
Le Vitalisme et l'Animisme.

Milsand
L'Esthétique anglaise.

Schœbel.
Philosophie de la raison pure.

Jules Levallois.
Déisme et Christianisme.

Camille Selden.
La Musique en Allemagne.

Stuart Mill.
Auguste Comte et la philosophie positive. 4ᵉ édition.
L'Utilitarisme. 2ᵉ édition.

Mariano.
La Philosophie contemp. en Italie.

Saigey.
La Physique moderne. 2ᵉ tirage.

E. Faivre.
De la variabilité des espèces.

Ernest Bersot.
Libre philosophie.

W. de Fonvielle.
L'astronomie moderne.

Herbert Spencer.
Classification des sciences. 6ᵉ édit.
L'individu contre l'État. 4ᵉ éd.

Bertauld.
L'ordre social et l'ordre moral.
De la philosophie sociale.

Th. Ribot.
La philos. de Schopenhauer. 6ᵉ éd.
Les maladies de la mémoire. 11ᵉ éd.
Les maladies de la volonté. 11ᵉ éd.
Les maladies de la personnalité. 6ᵉ éd.
La psychologie de l'attention. 3ᵉ éd.

E. de Hartmann.
La Religion de l'avenir. 4ᵉ édition.
Le Darwinisme. 5ᵉ édition.

Schopenhauer.
Le libre arbitre. 7ᵉ édition.
Le fondement de la morale. 5ᵉ édit.
Pensées et fragments. 13ᵉ édition.

Liard.
Les Logiciens anglais contemporains. 3ᵉ édition.
Définitions géométriques. 2ᵉ édit.

Marion.
J. Locke, sa vie, son œuvre. 2ᵉ édit.

O. Schmidt.
Les sciences naturelles et la philosophie de l'Inconscient.

Barthélemy Saint-Hilaire.
De la métaphysique.

A. Espinas.
Philosophie expérim. en Italie.

Conta.
Fondements de la métaphysique.

John Lubbock.
Le bonheur de vivre. 2 vol.
L'emploi de la vie.

Maus.
La justice pénale.

P. Siciliani.
Psychogénie moderne.

Leopardi.
Opuscules et Pensées.

A. Lévy.
Morceaux choisis des philos. allem.

Roisel.
De la substance.
L'idée spiritualiste.

Zeller.
Christian Baur et l'école de Tubingue.

Stricker.
Du langage et de la musique.

Coste.
Les conditions sociales du bonheur
et de la force. 3e édition.

Binet.
Psychologie du raisonnement. 2e éd.
Introd. à la psychol. expérim.

G. Ballet.
Langage intérieur et aphasie. 2e éd.

Mosso.
La peur. 2e éd.
La fatigue intellect. et phys. 2e éd.

Tarde.
La criminalité comparée. 3e éd.
Les transformations du droit. 2e éd.

Paulhan.
Les phénomènes affectifs.
J. de Maistre, sa philosophie.

Ch. Richet.
Psychologie générale. 2e éd.

Delbœuf.
Matière brute et matière vivante.

Ch. Féré.
Sensation et mouvement.
Dégénérescence et criminalité. 2e éd.

Vianna de Lima.
L'homme selon le transformisme.

L. Arréat.
La morale dans le drame, l'épopée
et le roman. 2e édition.
Mémoire et imagination (peintres,
musiciens, poètes et orateurs).

De Roberty.
L'inconnaissable.
L'agnosticisme. 2e édit.
La recherche de l'Unité.
Auguste Comte et H. Spencer. 2e éd.
Le bien et le mal.
Psychisme social.

Bertrand.
La psychologie de l'effort.

Guyau.
La genèse de l'idée de temps.

Lombroso.
L'anthropologie criminelle. 3e éd.
Nouvelles recherches de psychiatrie
et d'anthropologie criminelle.
Les applications de l'anthropologie
criminelle.

Tissié.
Les rêves, physiologie et pathologie.

Thamin.
Éducation et positivisme. 2e éd.

Sighele.
La foule criminelle.

Pioger.
Le monde physique.

Queyrat.
L'imagination chez l'enfant. 2e édit.
L'abstraction, son rôle dans l'éducation intellectuelle.
Le caractère et l'éducation morale.

G. Lyon.
La philosophie de Hobbes.

Wundt.
Hypnotisme et suggestion.

Fonsegrive.
La causalité efficiente.

Carus.
La conscience du moi.

G. de Greef.
Les lois sociologiques. 2e édit.

Th. Ziegler.
La question sociale est une question morale. 2e ed.

Louis Bridel.
Le droit des femmes et le mariage.

G. Danville.
La psychologie de l'amour.

Gust. Le Bon.
Lois psychologiques de l'évolution
des peuples. 2e éd.
La psychologie des foules. 2e éd.

G. Dumas.
Les états intellectuels dans la mélancolie.

E. Durkheim.
Les règles de la méthode sociologique.

P.-F. Thomas.
La suggestion, son rôle dans l'éducation intellectuelle.

Mario Pilo.
La psychologie du beau et de l'art.

Dunan.
Théorie psychol. de l'espace.
Lechalas.
Étude sur l'espace et le temps.
R. Allier.
Philosophie d'Ernest Renan.
Lange.
Les émotions.
G. Lefèvre.
Obligation morale et idéalisme.
C. Bouglé.
Les sciences sociales en Allemagne.
E. Boutroux.
Conting. des lois de la nature. 2ᵉ éd.
J. Lachelier.
Du fondement de l'induction. 2ᵉ éd.
J.-L. de Lanessan.
Morale des philosophes chinois.
Max Nordau.
Paradoxes psychologiques. 2ᵉ éd.
Paradoxes sociologiques.
Psycho-physiologie du génie et du talent.

Marie Jaëll.
La musique et la psycho-physiologie.
G. Richard.
Le socialisme et la science.
L. Dugas.
Le psittacisme et la pensée symbolique.
Fierens-Gevaert.
Essai sur l'art contemporain.
F. Le Dantec.
Le déterminisme biologique.
L. Dauriac.
La psychologie dans l'Opéra français.
A. Cresson.
La morale de Kant.
P. Regnaud.
Précis de logique évolutionniste.
E. Ferri.
Les criminels dans l'art et la littérature.
Novicow.
L'avenir de la race blanche.

VOLUMES IN-8

Brochés à 5, 7 50 et 10 fr.; cart. angl., 1 fr. de plus par vol.; reliure, 2 fr.

Barni.
Morale dans la démocratie. 2ᵉ éd. 5 fr.
Agassiz.
De l'espèce et des classifications. 5 fr.
Stuart Mill.
La philosophie de Hamilton. 10 fr.
Mes mémoires. 3ᵉ éd.   5 fr.
Système de logique déductive et inductive. 4ᵉ édit. 2 vol.   20 fr.
Essais sur la Religion. 2ᵉ édit. 5 fr.
Herbert Spencer.
Les premiers principes.   10 fr.
Principes de psychologie. 2 vol. 20 fr.
Principes de biologie. 2 vol.   20 fr.
Principes de sociologie. 4 vol.   36 fr. 25
Essais sur le progrès. 5ᵉ éd.   7 fr. 50
Essais de politique. 3ᵉ éd.   7 fr. 50
Essais scientifiques. 2ᵉ éd.   7 fr. 50
De l'éducation physique, intellectuelle et morale. 10ᵉ édit.   5 fr.
Introduction à la science sociale. 11ᵉ éd.   6 fr.
Les bases de la morale évolutionniste. 5ᵉ éd.   6 fr.

Collins.
Résumé de la philosophie de Herbert Spencer. 2ᵉ éd.   10 fr.
Auguste Laugel.
Les problèmes.   7 fr. 50
Émile Saigey.
Les sciences au XVIIᵉ siècle. La physique de Voltaire.   5 fr.
Paul Janet.
Les causes finales. 3ᵉ édit.   10 fr.
Histoire de la science politique dans ses rapports avec la morale. 3ᵉ édit. augm., 2 vol.   20 fr.
Victor Cousin, son œuvre. 7 fr. 50
Th. Ribot.
L'hérédité psychologique. 5ᵉ édition.   7 fr. 50
La psychologie anglaise contemporaine. 3ᵉ éd.   7 fr. 50
La psychologie allemande contemporaine. 5ᵉ éd.   7 fr. 50
La psychologie des sentiments. 2ᵉ éd.   7 fr. 50
L'évolution des idées générales. 5 fr

Alf. Fouillée.

La liberté et le déterminisme.
2e éd.t. 7 fr. 50
Critique des systèmes de morale
contemporains. 3e éd. 7 fr. 50
La morale, l'art et la religion d'a-
près M. Guyau. 2e éd. 3 fr. 75
L'aveni de la métaphysique fondée
sur l expérience. 5 fr.
L'évolutionnisme des idées-forces.
7 fr. 50
La psychologie des idées-forces.
2 vol. 15 fr.
Tempérament et caractère. 7 fr. 50
Le mouvement idéaliste. 7 fr. 50
Le mouvement positiviste. 7 fr. 50

Bain (Alex.).

La logique inductive et déductive.
3e édit. 20 fr.
Les sens et l'intelligence. 3e édit.
10 fr.
L'esprit et le corps. 5e édit. 6 fr.
La science de l'éducation. 7e éd. 6 fr.
Les émotions et la volonté. 10 fr.

Matthew Arnold.

La crise religieuse. 7 fr. 50

Flint.

La philosophie de l'histoire en Allemagne. 7 fr. 50

Liard.

La science positive et la métaphysique. 3e édit. 7 fr. 50
Descartes. 5 fr.

Guyau.

La morale anglaise contemporaine.
3e éd. 7 fr. 50
Les problèmes de l'esthétique con-
temporaine. 2e éd. 5 fr.
Esquisse d'une morale sans obli-
gation ni sanction. 3e éd. 5 fr.
L'irréligion de l'avenir. 5e éd. 7 fr. 50
L'art au point de vue sociologique.
2e éd. 7 fr. 50
Hérédité et éducation. 3e éd. 5 fr.

Huxley.

Hume, sa vie, sa philosophie. 5 fr.

E. Naville.

La logique de l'hypothèse. 2e éd. 5 fr.
La physique moderne. 2e édit. 5 fr.
La définition de la philosophie. 5 fr.

Et. Vacherot.

Essais de philosophie critique. 7 fr. 50
La religion. 7 fr. 50

Marion.

La solidarité morale. 4e édit. 5 fr.

Schopenhauer.

Aphorismes sur la sagesse dans la
vie. 4e édit. 5 fr.
La quadruple racine du principe
de la raison suffisante. 5 fr.
Le monde comme volonté et repré-
sentation. 3 vol. 22 fr. 50

James Sully.

Le pessimisme. 2e éd. 7 fr. 50

Buchner.

Science et nature. 2e édition. 7 fr. 50

Egger (V.).

La parole intérieure. 5 fr.

Louis Ferri.

La psychologie de l'association, depuis Hobbes. 7 fr. 50

Maudsley.

La pathologie de l'esprit. 10 fr.

Séailles.

Essai sur le génie dans l'art. 2e éd.
5 fr.

Ch. Richet.

L'homme et l'intelligence. 2e éd. 10 fr.

Preyer.

Éléments de physiologie. 5 fr.
L'âme de l'enfant. 10 fr.

Wundt.

Éléments de psychologie physiologique. 2 vol., avec fig. 20 fr.

Ad. Franck.

La philosophie du droit civil. 5 fr.

Clay.

L'alternative. Contribution à la psychologie. 2e éd. 10 fr.

Bernard Perez.

Les trois premières années de l'enfant. 5e édit. 5 fr.
L'enfant de trois à sept ans. 3e éd.
5 fr.
L'éducation morale dès le berceau.
3e édit. 5 fr.
L'art et la poésie chez l'enfant. 5 fr.
Le caractère, de l'enfant à l'homme.
5 fr.
L'éducation intellectuelle dès le
berceau. 5 fr.

Lombroso.

L'homme criminel. 2 vol. avec atlas.
36 fr.
Le crime politique et les révolutions
(en collaboration avec M. Laschi).
2 vol. 15 fr.
La femme criminelle et la prosti-
tuée (en collaboration avec
M. Ferrero). 1 vol. in-8 avec
planches. 15 fr.

Sergi.
La psychologie physiologique, avec 40 fig.   7 fr. 50

Ludov. Carrau.
La philosophie religieuse en Angleterre, depuis Locke.   5 fr.

Piderit.
La mimique et la physiognomonie, avec 95 fig.   5 fr.

Fonsegrive.
Le libre arbitre, sa théorie, son histoire. 2ᵉ éd.   10 fr.

Roberty (E. de).
L'ancienne et la nouvelle philosophie.   7 fr. 50
La philosophie du siècle.   5 fr.

Garofalo.
La criminologie. 3ᵉ édit.   7 fr. 50
La superstition socialiste.   5 fr.

G. Lyon.
L'idéalisme en Angleterre au xvıııᵉ siècle.   7 fr. 50

Souriau.
L'esthétique du mouvement.   5 fr.
La suggestion dans l'art.   5 fr.

Fr. Paulhan.
L'activité mentale et les éléments de l'Esprit.   10 fr.
Esprits logiques et esprits faux.   7 fr. 50

Barthélemy Saint-Hilaire.
La philosophie dans ses rapports avec les sciences et la religion. 5 fr.

Pierre Janet.
L'automatisme psychologique. 2ᵉ édit.   7 fr. 50

Bergson.
Essai sur les données immédiates de la conscience.   3 fr. 75
Matière et mémoire.   5 fr.

E. de Laveleye.
De la propriété et de ses formes primitives. 4ᵉ édit.   10 fr.
Le gouvernement dans la démocratie. 3ᵉ éd., 2 vol.   15 fr.

Ricardou.
De l'idéal.   5 fr.

Sollier.
Psychologie de l'idiot et de l'imbécile.   5 fr.

Romanes.
L'évolution mentale chez l'homme.   7 fr. 50

Pillon.
L'année philosophique. 7 vol. 1890, 1891, 1892, 1893, 1894, 1895 et 1896. Chacun séparément.   5 fr.

Rauh.
Le fondement métaphysique de la morale.   5 fr.

Picavet.
Les idéologues.   10 fr.

Gurney, Myers et Podmore
Les hallucinations télépathiques. 2ᵉ éd.   7 fr. 50

Jaurès.
De la réalité du monde sensible   7 fr. 50

Arréat.
Psychologie du peintre.   5 fr.

L. Proal.
Le crime et la peine. 2ᵉ éd.   10 fr.
La criminalité politique.   5 fr.

G. Hirth.
Physiologie de l'art.   5 fr.

Dewaule.
Condillac et la psychologie anglaise contemporaine.   5 fr.

Bourdon.
L'expression des émotions et des tendances dans le langage. 5 fr.

L. Bourdeau.
Le problème de la mort. 2ᵉ éd. 5 fr.

Novicow.
Les luttes entre sociétés humaines.   10 fr.
Les gaspillages des sociétés modernes.   5 fr.

Durkheim.
De la division du travail social.   7 fr. 50
Le suicide.   7 fr. 50

Payot.
L'éducation de la volonté. 5ᵉ édit.   5 fr.
De la croyance.   5 fr.

Ch. Adam.
La philosophie en France (première moitié du xıxᵉ siècle). 7 fr. 50

H. Oldenberg.

Le Bouddha, sa vie, sa doctrine, sa communauté. 7 fr. 50

V. Delbos.

Le problème moral dans la philosophie de Spinoza et dans le Spinozisme. 10 fr.

M. Blondel.

L'action, essai d'une critique de la vie et d'une science de la pratique. 7 fr. 50

J. Pioger.

La vie et la pensée. 5 fr.
La vie sociale, la morale et le progrès. 5 fr.

Max Nordau.

Dégénérescence. 2 vol. 4ᵉ édition. 17 fr. 50
Les mensonges conventionnels de notre civilisation. 5 fr.

P. Aubry.

La contagion du meurtre. 3ᵉ édit. 5 fr.

G. Milhaud.

Les conditions et les limites de la certit. de logique. 3 fr. 75

Brunschvicg.

Spinoza. 3 fr. 75
La modalité du jugement 5 fr.

A. Godfernaux.

Le sentiment et la pensée. 5 fr.

Em. Boirac.

L'idée du phénomène. 5 fr.

L. Lévy-Bruhl.

La philosophie de Jacobi. 5 fr.

Fr. Martin.

La perception extérieure et la science positive. 5 fr.

G. Ferrero.

Les lois psychologiques du symbolisme. 5 fr.

B. Conta.

Théorie de l'ondulation universelle. 3 fr. 75

G. Tarde.

La logique sociale. 7 fr. 50
Les lois de l'imitation. 2ᵉ éd. 7 fr. 50
L'opposition universelle. 7 fr. 50

G. de Greef.

Le transformisme social. 7 fr. 50

Crépieux-Jamin.

L'écriture et le caractère 3ᵉ éd. 7 fr. 50

J. Izoulet.

La cité moderne. 2ᵉ éd. 10 fr.

Thouverez.

Réalisme métaphysique. 5 fr.

Lang.

Mythes, cultes et religion, préface de L. Marillier. 10 fr.

G. Gory.

L'immanence de la raison dans la connaissance sensible. 5 fr.

Lang.

Mythes, cultes et religions. 7 fr. 50

Récéjac.

La connaissance mystique. 5 fr.

Aug. Comte.

La sociologie. 7 fr. 50

Duproix.

Kant et Fichte et le problème de l'éducation. 5 fr.

Brochard.

De l'erreur. 2ᵉ éd. 5 fr.

Chabot.

Nature et moralité. 5 fr.

www.ingramcontent.com/pod-product-compliance
Lightning Source LLC
LaVergne TN
LVHW052155050726
842523LV00017B/356